HEINZ DÜRR *Alter Mann, was nun?*

Ich bin das, woran ich mich erinnere.
Sum, qui memini.

AURELIUS AUGUSTINUS (Confessiones X, 16,25)

Heinz Dürr

Alter Mann, was nun?

Zwischenrufe aus der letzten Reihe

Langen Müller

Für meine drei Enkelkinder Héloïse, Justine und Camilo,
die heute noch nicht wissen, wie es ist, alt zu sein.

© 2020 Langen Müller Verlag GmbH, München
Schutzumschlaggestaltung: Sabine Schröder
Umschlagfoto: Wolfram Kastl, picture alliance/dpa
Satz: Satzwerk Huber, Germering
Druck und Binden: CPI books GmbH, Leck
Printed in Germany
ISBN 978-3-7844-3552-7

Inhalt

In der letzten Reihe

Ich war zur Zweihundertjahrfeier der Humboldt-Universität zu Berlin eingeladen und hatte zugesagt. Am Eingang fragte ich die Hostess nach meinem Sitzplatz.

»Nur in den beiden ersten Reihen gibt es namentlich gekennzeichnete Plätze. Ihren Namen sehe ich nicht auf meiner Liste.«

Ich war irritiert. Früher hatte ich immer in der ersten Reihe gesessen.

»Im Saal können Sie Platz nehmen, wo Sie wollen«, sagte sie freundlich.

Der Saal war schon ziemlich voll. Ich fand einen Platz in der letzten Reihe. Die Veranstaltung war nach dem üblichen Muster gestrickt. Erst gab es ein Musikstück, dann eine Begrüßung, schließlich Reden. Die Reden führten aus, was man schon wusste oder doch zumindest hätte wissen sollen. Ehrwürdiges Gedenken, dann Lob und Dank für zahlreiche Menschen, von denen einige schon tot waren, andere noch lebten und manche sogar im Saal saßen. Es war ziemlich langweilig, fand ich in meiner letzten Reihe. Ich hatte viele Reden dieser Art gehört. Aber in der ersten Reihe war das etwas anderes. Da saß man neben jemandem, der wichtig war, wurde manchmal sogar mit dem Namen begrüßt und fotografiert und hatte während der Reden Zeit, sich zu überlegen, was man mit der Person, neben der man saß, beim anschließenden Empfang besprechen könnte. Doch in der letzten Reihe entfiel das naturgemäß.

Da ich den Reden schon rein akustisch nur schwer folgen konnte und mir das wenige, was ich aufgeschnappt hatte, nicht sehr bedeutend erschien, beschäftigte ich mich mit meiner Situation.
So ist es also, wenn man alt wird. Man sitzt in der letzten Reihe und stellt sich die Frage »Alter Mann, was nun?«.
Es gibt ja immer noch einiges zu tun, nicht mehr so viel wie früher. Und auch aus der letzten Reihe kann man sich schließlich zu Wort melden. Das reicht doch eigentlich.

Einige Zeit später war mein 85. Geburtstag. Große Veranstaltung, viele Freunde, Bekannte, Wegbegleiter, es hatte Reden gegeben. Darüber, was ich alles gemacht habe, was für ein toller Mensch und Unternehmer ich sei, wie man sich kennengelernt hatte. Manches klang fast wie ein Nachruf.

Danach saßen meine Frau Heide und ich noch im Garten, lauer Sommerabend, ein Glas Rotwein brachte Nachdenklichkeit.

»Schönes Fest.« Ich prostete Heide zu. »Was die guten Leute alles über mich erzählt haben. Und was mache ich jetzt?«

Heide schaute mich leicht schmunzelnd an: »Ein alter Mann muss mit der Zeit gehen, sonst wird er ein alter Sack.«

Das war zugegebenermaßen etwas drastisch. Aber es entsprach ihrer Art. Und recht hatte sie.

Wir hatten viel miteinander erlebt. Ich habe es sogar aufgeschrieben. In zwei Büchern: »In der ersten Reihe«[1], quasi eine Autobiografie bis zu meinem 50. Lebensjahr, und »Über das Alter«[2], mein Gespräch mit Cato dem Älteren. Hier lautet die Widmung: *Für meine Frau Heide, die mit mir alt geworden ist und mich immer daran gehindert hat, alt zu sein.*

Ich hätte auch schreiben können: Sie war immer eine Stütze für mich, mit ihr konnte ich über alles reden. Dass ich viel unterwegs und mit meiner Karriere beschäftigt war, störte sie nicht.

Ein paar Jahre bleiben mir noch. Also muss ich, wie Heide sagt, mit der Zeit gehen. In diesem Sinne möchte ich mein Leben zu einem guten Ende bringen und meinen Nachkommen etwas Vernünftiges, Greifbares hinterlassen. Darüber habe ich mir viele Gedanken gemacht.

Aber seit März 2020 ist alles anders: Die Corona-Krise hat unsere Welt verändert. Ich sitze zu Hause in Quarantäne, kann nicht mehr ins Büro gehen oder meine Freunde besuchen. Die Kommunikation findet ausschließlich digital statt.

Vor diesem Ereignis ging es nur um die Frage: Was habe ich von der Zeit, die mir bleibt, noch zu erwarten? Das wollte ich aufschreiben und aus der Sicht des 87-Jährigen kommentieren. Die Themen, mit denen ich mich vor der Krise beschäftigte, sind die gleichen geblieben. Ich schildere einiges aus meinem Leben, was mich geprägt hat, und gebe meinen Kommentar aus heutiger Sicht dazu. Und ich wende mich, gestützt auf meine Erfahrungen, den aktuellen Entwicklungen in der Wirtschaft, in der Gesellschaft, in der Politik zu. Wie verändern die Digitalisierung, das Internet, die Künstliche Intelligenz unsere Welt? Was ist aus dem Ehrbaren Kaufmann geworden? Was passiert in der Finanzwelt? Was bedeutet der Klimawandel für die Gesellschaft und für unser Verhalten?

Und jetzt die Corona-Krise. Wie lange wird sie dauern? Verändert sich dadurch, was mir in meinen alten Tagen zu tun bleibt? Wird die Welt danach eine andere sein, wie Bundespräsident Steinmeier meint?

Was ist das für eine Krise? Ich habe in meinen 87 Jahren viele Krisen erlebt. Aber sie waren alle von Menschen gemacht, sie wurden von Menschen aus dem bestehenden System heraus geschaffen. Es gab

Schuldige, und man fand Mittel und Wege, ihnen zu begegnen.

Die Corona-Krise ist eine Krise, die von außen kommt, von der Natur geschaffen, Menschen sind an ihrer Entstehung nicht beteiligt, zumindest nicht vorsätzlich. Erst bei der Bekämpfung der Seuche tritt der Mensch in Erscheinung. Am Anfang weiß er nicht, worum es sich handelt, nur dass es sehr gefährlich, ja tödlich sein kann. Das war bei der Pest so, bei der Spanischen Grippe, bei Ebola und beim Humanen Immundefizienz-Virus, kurz HIV.

So ein Virus entsteht in der Natur, deren Teil wir Menschen sind, wenn man die Welt als einen lebendigen Organismus definiert. Das Coronavirus (SARS-CoV-2) ist Teil dieses Organismus. Woher das Virus kommt, wissen wir nicht, nur dass es durch Tröpfcheninfektion übertragen wird. Das Virus ist für den Menschen unsichtbar. Goethe sagt: »Glaube ist Liebe zum Unsichtbaren.« Meinen deshalb Gläubige wie der Weihbischof von Chur, Corona sei eine Strafe Gottes?

Ist Corona der »Schwarze Schwan«, also ein Ereignis, das extrem selten, extrem wirkungsmächtig und erst hinterher erklärbar ist, wie es der Philosoph Nassim Taleb in seinem gleichnamigen Buch definiert hat?[3] Eigentlich nicht, denn eine Risikoanalyse der Bundesregierung hat bereits 2012 einen Bericht vorgelegt, der »eine Pandemie mit einem Virus Modi-SARS« beschreibt. Auch Bill Gates hat 2015 von einer Virusepidemie gesprochen und gemeint: »Wir sind nicht darauf vorbereitet.« Man hätte also einiges wissen können, hat aber offensichtlich nicht hingeschaut. Hat Minister Spahn den Bericht seiner Behörde nicht gelesen? Im Fernsehen sagte er dann: »Wir haben Pandemie-Pläne, aber wir üben sie zu selten.« Nach der Krise will er das anders handhaben, nämlich mit einer »Verpflichtung, solche Pläne zu üben« sowie einer »Verpflichtung, Vorräte zu haben für solche Lagen«.

Bei manchen führenden Politikern ist jetzt viel von »Krieg« die Rede. Der französische Präsident Macron spricht in einer Rede sechsmal davon, der Staatspräsident Xi redet von »Volkskrieg«, und Donald Trump sieht sich als »Wartime President«. Nur der deutsche Bundespräsident distanziert sich und meint, die Pandemie sei kein Krieg, denn keine einzige Nation kämpfe gegen eine andere. Corona sei eine gemeinsame Herausforderung, die nach Solidarität unter den Nationen verlange.

Jetzt gibt es viele Experten, die ihre Meinung zur Corona-Krise verkünden, Virologen, Epidemiologen, Immunologen, Soziologen und Philosophen. Besonders gefragt sind die Virologen. Die *Neue Zürcher Zeitung* spricht sogar von »der Stunde der Starvirologen«. Ein Beispiel dafür ist Christian Drosten von der Charité, gefragt in vielen Talkshows und Podcasts. Und was sagt er zum Thema Masken? Einmal postet er eine Anleitung zum Selbstbau, kurz vorher erklärte er, das Tragen einer Maske sei für den Normalbürger unnötig, denn wissenschaftlich sei nicht erwiesen, dass sie irgendeinen Nutzen hat oder Schutz bietet. Auch andere Virologen ändern ihre Meinung oder gelangen zu neuen wissenschaftlichen Erkenntnissen. Verständlich, denn man weiß einfach zu wenig über Covid-19. Aber die Politik muss Entscheidungen treffen, und deshalb lässt sie sich beraten, wohl wissend, dass der Rat auf unsicheren Fakten beruht.

Ich frage bei der Firma Dürr nach, wie man dort handelt. »Wir arbeiten fast normal, natürlich unter Berücksichtigung strengster Hygienevorschriften.« Das beruhigt mich einigermaßen. Ich halte es mit Steven Pinker, Professor für Psychologie an der Harvard Universität, der auf die Frage eines Journalisten nach den langfristigen gesellschaftlichen und politischen Folgen der Pandemie antwortete: »Darauf habe ich eine klare Antwort: Das meiste, was nun gesagt und geschrieben wird, wird sich als falsch herausstellen.« Der Mensch wird die Seuche bekämpfen, sie in den Griff bekommen, wie es salopp heißt. Wie viel der Staat und wie viel die Wissenschaft dazu beitragen, wird sich herausstellen. In vielen Ländern wurde das gesellschaftliche Leben auf null heruntergefahren, um die Ansteckungsgefahr zu minimieren. Wie lang halten die Menschen einen solchen Stillstand aus? Ihre Bedürfnisse sind doch die gleichen wie vorher. Sie wollen essen, ein Dach über dem Kopf haben, viele wollen reich werden, alle wollen sich räumlich bewegen, Spaß haben und mit anderen Menschen zusam-

men sein. Der Mensch ist nun mal ein soziales Wesen, oder wie die Heilige Schrift sagt: »Es ist nicht gut,
dass der Mensch allein sei.« Man kann sich nur fragen, ob sich die Prioritäten der Menschen durch die
jetzige Krise verschieben. Temporär kann das schon
der Fall sein, aber die menschliche Grundkonstruk-
tion bleibt erhalten. Das Leben geht weiter und die
Wirtschaft auch. Schließlich ist sie unser Schicksal,
wie Walther Rathenau sagt. Wie sehr dieser Satz zu-
trifft, sieht man angesichts der schwierigen, teilweise
existenzbedrohenden Lage, in die viele Unternehmen
unverschuldet geraten sind.

Nach jeder Krise, die ich in meinem Leben erlebt
habe, ging es wieder aufwärts. Das wird auch dieses Mal der Fall sein, selbst wenn es dieses Mal die
schlimmste Krise nach dem Zweiten Weltkrieg ist,
wie unsere Bundeskanzlerin und der UN-Generalse-
kretär meinen.
Ich bleibe bei den Themen, die ich mir vor Corona
für dieses Buch überlegt habe. Wenn hierbei die Auswirkungen der Krise eine Rolle spielen, werde ich darauf eingehen.
Aber trotz allem will ich jetzt eine Antwort finden auf
die Frage »Alter Mann, was nun?«.

Kindheit, Krieg und Schule

Auf meinen Spaziergängen, an die ich mich gewöhnt habe wie ans Zeitunglesen, denke ich manchmal an meine Kindheit zurück, besonders wenn mir Eltern mit kleinen Kindern begegnen.

Ich bin 1933 geboren und in einem wohlbehüteten Haushalt aufgewachsen. Der Mensch wird entscheidend in den ersten fünf Lebensjahren geformt. Was für Erinnerungen habe ich an diese Zeit? Ich erinnere mich an friedliche Jahre, wir wohnten in einem angenehmen Einfamilienhaus mit Garten in Stuttgart-Feuerbach. Ich hatte schöne Spielsachen, mit denen ich gerne Soldat und Krieg spielte.

Und Krieg gab es bald. Er kam näher, ich sah Häuser brennen und besuchte mit meinem Vater den durch einen Volltreffer zerstörten großväterlichen Betrieb in Bad Cannstatt. Meine Mutter hat mich trotzdem in die Klavierstunde geschickt und mir interessante Geschichten vorgelesen. Das war sicher ein erster Schritt zu dem, was wir heute Bildung nennen. Als der Krieg und seine Folgen immer näher rückten, wurde ich nach Rottweil zu einer Tante geschickt, da es in dieser Stadt fast keine Luftangriffe gab.

Dort ging ich zur Schule. Heute kann ich mich nicht mehr daran erinnern, wie es dort zuging. Dann wurde die Schule geschlossen, und ich wurde mit elf Jahren aufgrund meiner guten Zeugnisse in die Nationalpolitische Erziehungsanstalt (NAPOLA) in Rottweil eingeschult. Warum meine Eltern diesem Schritt zugestimmt haben, weiß ich nicht. Sie haben nie mit mir darüber geredet. Mein Vater war wohl Parteimitglied, aber kein überzeugter Nazi. Von der Spruchkammer, die gemäß Gesetz zur Befreiung von Nationalsozialismus und Militarismus eingesetzt war, wurde er als Mitläufer eingestuft.[4]

Ich begann in der NAPOLA im Herbst 1944. Die Aufnahmeprüfung begann mit einer Mutprobe – Sprung von einem drei Meter hohen Sockel. Besondere schulische Leistungen wurden nicht verlangt, meine Zeugnisse waren ja gut.

Es begann ein Leben in Disziplin, sauber gekleidet, in Uniform, Bett selbst herrichten, ebenso die Kleider. Ich lernte Knöpfe annähen. Der Unterricht war wie in der Schule zuvor, aber konzentrierter und immer auch politisch gefärbt. Ich erinnere mich an eine Weihnachtsfeier mit Orgelmusik, ein Schüler mit schöner Stimme sang: »Es ist ein Ros entsprungen.« Irgendwie beeindruckte mich das. Aber der Krieg rückte immer näher. Die Kameraden aus den Klassen über mir wurden als letzte Reserve des Führers, als sogenannte Werwölfe[5], in den Kampf um den End-sieg geschickt.

Dann erlebte ich den ersten Tieffliegerangriff. Das Gebäude der NAPOLA (eine frühere Klosterschule) stand auf einer Anhöhe, unser Schlafsaal befand sich im ersten Stock. Wir saßen im Luftschutzkeller, und als wir nach dem Angriff wieder in den Schlafsaal zurückkamen, waren alle Betten von Maschinengewehr-garben der angreifenden Tiefflieger durchlöchert.

Einen anderen Tieffliegerangriff erlebte ich auf einer Zugfahrt von Stuttgart nach Rottweil. Plötzlich hielt der Zug an, Tieffliegeralarm. Als die ersten Salven den Zug trafen, warfen wir uns auf der anderen Seite des Bahndamms auf den Boden. Einer meiner Mit-schüler schaffte es nicht mehr und starb mit dem Ruf: »Es lebe der Führer!«

Heute ist mir klar, wie leicht es ist, eine ganze Gene-ration so zu indoktrinieren, dass sie einer verbreche-rischen Ideologie folgt.

Im März 1945 kam mein Vater nach Rottweil in die NAPOLA und sagte zu mir: »Der Krieg ist aus.« Ich widersprach ihm heftig, denn mir war ja eingetrich-tert worden, dass der Führer noch Geheimwaffen habe, die alles ändern würden. Mein Vater argumen-tierte nicht lange, für ihn, wie für die meisten Men-schen in Deutschland, war das Ende des Dritten Rei-ches gekommen. Er nahm mich mit und brachte mich zusammen mit Mutter und meinem Bruder Reiner in ein kleines einsames Häuschen ohne fließendes Was-ser und ohne elektrischen Strom im Schwäbischen

Wald. Es war einsam, aber eben kein Zielobjekt für feindliche Tiefflieger.

Heute frage ich mich manchmal, was diese sechs Monate NAPOLA in mir bewirkt haben. Hatten sie einen Einfluss auf meine persönliche Entwicklung?

Geprägt haben mich sicher die Disziplin, der festgelegte Tagesablauf mit klaren Vorgaben, was zu tun ist, und die Befriedigung, wenn es getan war. Man lernte, mit schwierigen Situationen umzugehen, so etwa, wenn wir im Winter in selbst gebauten Iglus das Überleben trainierten.

Immer wieder habe ich in meinem Leben wichtige Leute getroffen, die auch auf einer NAPOLA waren: Alfred Herrhausen, der Deutschbanker, Werner Holter, Chefredakteur der *Frankfurter Rundschau*, der Literaturkritiker Hellmuth Karasek, Hardy Krüger, der Journalist Graf Nayhauß, der Maler Arnulf Rainer und Theo Sommer von der *ZEIT*. Ich habe nie mit einem dieser Leute über die NAPOLA gesprochen, aber ihnen muss es wohl ähnlich ergangen sein wie mir. Nach der Befreiung 1945 war das alles kein Thema mehr für mich, auch wenn ich mich heute noch gut an diese sechs Monate erinnern kann. Für mich begann eine neue Zeit.

Im Mai 1945 erlebte ich zum ersten Mal amerikanische GIs, als ein offensichtlich verirrter US-Panzer ganz in der Nähe unseres einsamen Häuschens im Wald stecken blieb. Die Soldaten kamen zu uns, tauschten Wasser gegen Kaugummi und schäkerten unter blühenden Obstbäumen mit der jungen hübschen Mitbewohnerin. Da lagen sie, die Befreier, auf der Wiese vor unserem Fluchthäuschen, saubere Jungs in schicken Uniformen. Ganz anders als die vor ein paar Tagen vorbeigezogenen müden und verzweifelten deutschen Soldaten, die kein Wort mit uns Kindern redeten. Nur weg wollten sie. Und jetzt die Amerikaner auf der Wiese unter den blühenden Obstbäumen, Kaugummi kauend, gar nicht kriegerisch wirkend. Sah so der »Endsieg« aus, der uns in der NAPOLA unablässig verkündet worden war? Richtig begriffen habe ich das mit meinen zwölf Jahren wohl kaum. Doch nun musste ich keine Angst mehr vor Tiefliegern und Bomben haben.

1946 war die Familie wieder vereint in Stuttgart-Feuerbach. In unserem Haus ging es etwas enger zu, denn wir mussten frühere Bekannte aufnehmen: eine Familie, die aus den USA zurückgekommen war, wohin sie in den Jahren zuvor geflüchtet war. Aber wir arrangierten uns.

Materielle Not mussten wir in dieser Zeit nicht leiden. Mein Vater war sehr erfolgreich unterwegs in dieser Zeit des totalen Tauschhandels, des sogenannten »schwarzen Marktes«. Aus seiner Firma hatte er Produkte zu bieten, die die Bauern gerne gegen Naturalien tauschten.

Mit meinem Bruder Reiner ging ich in Feuerbach zur Schule. Die Lehrer waren aus dem Krieg übrig geblieben, und es herrschten Zucht und Ordnung.

Damals lernte ich auch den *American way of life* kennen, den uns die US-Soldaten vorführten, die Stuttgart besetzt hatten und in ihren PX-Läden alles kaufen konnten, was wir nicht hatten. Im altehrwürdigen Hindenburgbau veranstalteten sie Konzerte und Bälle, meist mit Jazzmusik, wo wir tanzen konnten und wo ich Musiker kennenlernte. Gemeinsam gründeten wir den Jazzklub »Schlüssel«, in dem die Amerikaner mit uns lernbegierigen Deutschen ihre Jamsessions abhielten. Wir lernten amerikanische Literatur kennen und redeten uns die Köpfe heiß über Jean-Paul Sartres Satz: »Die menschliche Existenz ist wie der Funke, der aus dem Kamin einer vorbeifahrenden Lokomotive in die Nacht gestoßen wird und dort verglüht.« Wir trugen schwarze Kleidung und bedienten uns einer geschwollenen Sprache, fielen in bedeutsames Schweigen, wenn wir zusammensaßen und tranken und rauchten. Für mich war Existenzialismus damals ein Lebensgefühl, und wenn Miles Davis den Soundtrack aus »Fahrstuhl zum Schafott« blies, dann tauchten wir in eine andere Welt ein.

In dieser Zeit war ich sehr aktiv als Tennisspieler. Ich war Klubmeister beim TC Feuerbach, und ich dachte sogar daran, einmal Berufsspieler zu werden. Dann wechselte ich zum TC Weissenhof, der Nummer 1 in Stuttgart. Dort lernte ich meine spätere Frau Heide kennen, und danach war Tennis nicht mehr so wichtig. Später war es der Fußball, für den ich mich begeisterte. Als Torwart spielte ich oft in einer Studentenmannschaft. Die Bundesliga verfolge ich heute noch, insbesondere liegt mir der VfB Stuttgart am Herzen.

Im Leibniz-Gymnasium in Stuttgart-Feuerbach kam ich gut voran. Einmal konnte ich sogar eine Klasse überspringen. Wir hatten einen sehr guten Deutschlehrer, bei dem ich viel gelernt habe. Seine Korrekturen bei Aufsätzen waren gefürchtet. So etwa, wenn er *Intransparenz* durchstrich und durch *unklar* ersetzte. Er wollte einfach, dass die deutsche Sprache benutzt wurde. In meinem späteren Unternehmerleben habe ich oft bei der Korrektur von Pressemitteilungen an ihn gedacht.

Spannend wurde es beim Abituraufsatz. Mein Thema lautete: »Was leistet der Beruf, dem Sie zustreben, für die Gemeinschaft, und was erwarten Sie von ihm für sich selbst?« Ich nutzte die Form eines Briefes an einen Älteren und beantwortete die Frage aus der Sicht des Philosophen sehr idealistisch. Ich schrieb von einer Gesellschaft, in der die Menschen füreinander da seien, von sozialer Verantwortung, von sittlicher Ordnung, aber auch von technikgetriebener Zivilisation. Der Mensch stehe im Mittelpunkt, aber nicht der Einzelne. Hätte ich damals schon das Mitbestimmungsurteil des Bundesverfassungsgerichts vom 1. März 1979 gekannt – »Das Bild des Menschen ist nicht das des isolierten und selbstherrlichen Individuums, sondern das der gemeinschaftsbezogenen und gemeinschaftsgebundenen Person, die von verfügbaren Eigenwerten bis zu ihrer Entfaltung auf vielfältige menschliche Bezüge angewiesen ist« –, wäre das sicher ein Schlüsselsatz in meinem Aufsatz gewesen.

Die Bewertung meines Aufsatzes durch zwei Lehrer war sehr unterschiedlich. Einer gab mir eine Fünf (»Thema verfehlt«), der andere eine Eins minus (»gut nachgedacht«). Die letztere Zensur stand in meinem Abiturzeugnis. Es war wie manchmal auch in meinem späteren Leben: alles oder nichts.

Lehre, Studium, Firma

Mein ganzes Leben war ich Unternehmer. Auch wenn ich im Angestelltenverhältnis für ein Unternehmen tätig war, wie etwa als Bahnchef, fühlte ich mich immer als Unternehmer. Begonnen hat das bereits in der Kindheit. Mein Vater war Inhaber und Chef eines mittelständischen Betriebes, meine Mutter machte die Buchhaltung. Die Firma Otto Dürr war damals ein bekannter Zulieferer für die lokale Werkzeugmaschinenindustrie und betrieb außerdem eine Bauflaschnerei wie mein Großvater. Beim Mittagessen und bei Einladungen meiner Eltern erfuhr ich eine ganze Menge über das Unternehmen. Für sie war es immer klar, dass ich einmal als Nachfolger in die Firma eintreten sollte.

Zum Unternehmer wurde ich nicht ausgebildet, jedenfalls nicht systematisch. Das Einzige, was mein Vater von mir verlangte, war eine praktische Ausbildung zum Schlosser. So begann ich am 1. April 1953 eine Lehre als Stahlbauschlosser in der Waggonfabrik Krefeld-Uerdingen, vermittelt durch einen Freund meines Vaters. Für einen Abiturienten, der sich mit Philosophie, Soziallehre und amerikanischer Kultur vollgesogen hatte, war das ein Schock. Morgens 6.00 Uhr Arbeitsbeginn, Appell der Lehrlinge, 60 an der Zahl, in Zehnerreihen sauber aufgestellt, Schraubstock neben Schraubstock, der Lehrmeister vor uns stehend, mit wachem Blick, ob auch alle richtig feilten. Ich durfte in der ersten Reihe feilen. Man wählte mich mich als Lehrlingssprecher. Aber das war ich nur vier Wochen lang. Dann kam einer von der Gewerkschaft und sagte: »Das geht nicht, du bist ja ein Kapitalist.«

Lehrling im Jahr 1953 zu sein, war etwas ziemlich anderes als heute. Da gab es »Richtlinien für die Eltern als Ergänzung für die Erziehung Ihres Sohnes in unserem Betrieb«. Dort hieß es unter anderem:

Ihr Sohn soll in unserem Betrieb zu einem tüchtigen Arbeiter beziehungsweise Facharbeiter, aber auch zu einem frohen Menschen erzogen werden. Er soll sich später an seiner Arbeitsstelle durch Sauberkeit, Ordnungssinn, Pünktlichkeit, gute Leistung und Höflichkeit auszeichnen.

Und so weiter und so fort. Zum Schluss hieß es dann noch:

Die Erziehungsbeihilfe, die den Lehrlingen gewährt wird, ist, wie der Name schon sagt, kein Lohn für geleistete Arbeit, ist Hilfe für die Eltern in der Bestreitung der Unkosten, die während der Ausbildungszeit des Jungen entstehen.

24

Heute erhalten die Eltern keine derartigen Ratschläge mehr, alles läuft viel sachlicher und funktionaler, wie ich den »Informationen für Auszubildende« der Firma Dürr entnehme.

Töchter waren damals offensichtlich nicht als Lehrlinge gefragt. Heute hat die Firma Dürr natürlich weibliche Lehrlinge, und der Begriff »Auszubildende« ist ja auch gendergerecht.

Ich war 19 Jahre alt, bewohnte eine eigene Bude in Krefeld-Bockum, und meine Eltern waren weit weg. Aus dem wohlbehütenden Elternhaus, in das ich mich jederzeit zurückziehen konnte, wurde ich in ein richtiges Arbeiterleben geworfen, denn bald wurden wir Lehrlinge auch in der Produktion von Güterwagen eingesetzt, direkt am Band als Schweißer. Taktzeit eine Stunde, dann ruckte das Band weiter. Ich war mit meiner Schweißerei immer schon nach einer halben Stunde fertig und langweilte mich. Bis der Schweißerkollege neben mir, ein gestandener Arbeiter, mir auf die Schulter klopfte und meinte: »Übernimm dich nicht, Junge. Du bleibst ja nur vier Wochen hier, aber wir schuften noch Jahre.«

Mein schwäbischer Dialekt gab oft Anlass zu grimmigen Späßen. Also lernte ich Hochdeutsch sprechen. Schreiben konnte ich es ja. Anerkennung bei meinen Arbeitskollegen genoss ich allerdings erst, als ich bei den Krefelder Stadtmeisterschaften im Tennis als Mitglied von Blau-Weiß Uerdingen den vorjährigen Meister schlug. »Gut so, Dürr«, meinte der

Lehrlings-Obermeister, »zeig's den Bonzen.« Mein Gegner war Mitglied des besonders vornehmen Hockey- und Tennisclubs Krefeld.

Dieser Obermeister nahm mich manchmal mit zu sich nach Hause. Wir spielten Skat und tranken reichlich Weinbrand, denn sein Schwager war Abfüllmeister bei Dujardin, und dem Werbespruch »Darauf einen Dujardin« wurde reichlich Genüge getan. An Wochenenden nahm er mich zu Familienausflügen in die Umgebung mit. Ich lernte, dass man hier wesentlich sparsamer lebte als bei uns zu Hause in Feuerbach, wo zwar auch nicht der große Luxus herrschte, wo es aber doch etwas großzügiger zuging.

Nach anderthalb Jahren brach ich die Lehre in der Waggonfabrik ab, denn die Zeit bis zur Gesellenprüfung war mir einfach zu lang. Würde ich später einen Gesellenbrief brauchen, wenn aus mir als Unternehmer nichts werden sollte? Darauf verschwendete ich keinen Gedanken. Ich war ungeduldig. Ich wollte Unternehmer werden und in die Firma Dürr eintreten. Aber mir war klar, dass ich vorher studieren musste, um mehr von Technik zu verstehen. So schrieb ich mich an der Technischen Hochschule Stuttgart zum Wintersemester 1954/55 als Student des Maschinenbaus ein.

Ich studierte fleißig, besuchte alle Vorlesungen, aber fast mehr Zeit verbrachte ich im Konstruktionsbüro des väterlichen Betriebes. Mein Vater hatte einen Ingenieur eingestellt, der ein neues Arbeitsgebiet für die

Firma erschließen sollte: Anlagen für Oberflächen-technik. Die Firma Dürr tat sich schwer am Markt, denn es gab starke, alteingesessene Konkurrenten, die allerdings mitunter arrogant auftraten und uns nicht für voll nahmen. Wir gingen auf die Hannover Mes-se, die größte Investitionsgütermesse überhaupt, und zeigten unsere neuesten Entwicklungen. Wir waren sparsam und wohnten in Privatquartieren. Die Stärke unseres kleinen Unternehmens – wir hatten damals 200 Mitarbeiter und machten im Jahr 1957 einen Umsatz von vier Millionen D-Mark – lag darin, dass wir hungrig auf Erfolg waren. Wir mussten uns etwas einfallen lassen, und das taten wir auch.

Schwieriger war die Finanzierung des Wachstums. Man brauchte Kredite, aber für die großen Banken wa-ren wir zu klein. Wir arbeiteten mit der Feuerbacher Volksbank und der Städtischen Sparkasse Stuttgart zusammen, wo es auf die persönlichen Kontakte zu den Bankdirektoren ankam. Sie mussten davon über-zeugt werden, dass wir ordentliche Geschäfte mach-ten. Große Sicherheiten konnten wir nicht bieten, Vermögen wurde erst mit der Zeit gebildet. Wagniska-pital, wie heute üblich, gab es damals nicht, allerdings auch keine Risikomanager bei den Banken, die alles nur nach Zahlen beurteilen, aber nicht den handeln-den Menschen im Blick haben. Als ich meinen ersten Großauftrag in Brasilien von VW bekam, brauch-ten wir eine Bankbürgschaft über 500 000 D-Mark für die Anzahlung. Den Großbanken war Brasilien (und die Firma Dürr) zu risikoreich, der Direktor der

Feuerbacher Volksbank aber sagte zu meinem Vater und mir: »Brasilien ist im Kommen.« Wir bekamen die Bürgschaft, und das Projekt wurde ein großer Erfolg.

Problematisch war in diesen Anfangszeiten auch die Materialbeschaffung. Stahl und Kupfer waren in der Nachkriegszeit knapp. Oft musste mein Vater sein großes Talent im Umgang mit Menschen beim Lieferanten genauso einsetzen wie bei den Kunden. Und die waren schwierig genug. Persönliche Beziehungen mussten gepflegt werden. Aber irgendwie machte es auch Spaß, sich die Nächte in einer Bar um die Ohren zu schlagen, wenn der Kunde anschließend bei uns bestellte. Heute gelten strenge »Compliance«-Regeln, und vieles wird übers Internet abgewickelt.

Ich setzte mich voll für den Aufbau unserer Firma ein. Die angestammten Bereiche der Firma – Blechbearbeitung und Flaschnerei – liefen einigermaßen gut und verdienten Geld, das in den neu gegründeten Anlagenbau gesteckt wurde. Unsere Kunden waren vor allem die Automobilfirmen in Deutschland, die aber auch Maschinen für ihre Auslandsniederlassungen bestellten. Und genau dahin wollte ich, ins Ausland, schon deshalb, weil mein Vater eine sehr starke Persönlichkeit war und in Stuttgart wenig Raum für den Junior ließ.

So kam ich zu Auslandseinsätzen während meiner Studienzeit, da außer mir keiner in der Firma Englisch sprach. Der erste führte mich nach Indien, nach

Jamshedpur, eine Stadt 100 Kilometer nördlich von Kalkutta, wo Daimler-Benz zusammen mit dem indischen Tata-Konzern Lastkraftwagen montierte. Wir hatten eine Oberflächenbehandlungsanlage geliefert, die in Betrieb genommen werden musste. Das sollte ich machen. Mit zwei Monteuren einer deutschen Werkzeugmaschinenfabrik wohnte ich in einem wunderschönen Gästehaus mit Garten und einem kleinen Schwimmbecken. Wir hatten einen Diener, einen Koch und einen Gärtner zu unserer Verfügung. Das war nun wirklich etwas Neues für den Bürgerssohn aus Feuerbach – und es gefiel mir. Ich hatte meine Unterlagen für die Diplomvorprüfung mitgenommen und lernte abends auf der von Zikaden beschallten Terrasse »Mechanik 1 und 2« für mein Vordiplom.

Die Firma Dürr hatte mit der Anlage auch einen ölgefeuerten Heizkessel geliefert, mit dem es Probleme gab. Der Brenner wollte einfach nicht brennen, der Schornstein stieß nur dunkle Rauchwolken aus. Der Daimler-Direktor, ein alter Haudegen aus dem Werk Mannheim, kam jeden Morgen vorbei: »Wie sieht's aus, Dürr?«, fragte er mich. »Gut«, erklärte ich, »der Kessel müsste nur warmlaufen.« Er grinste. Ich untersuchte die Brennersteuerung. Sie funktionierte, aber der Brenner selbst spuckte nur Rauch – bis ich in meine Vordiplomunterlagen schaute und dort genau die Funktionsbeschreibung für einen Brenner wie den von uns gelieferten fand. So entdeckte ich den Fehler: Die indischen Monteure hatten die Dichtungen des Ölrückführrohres nicht durchbohrt! Das tat ich dann, und als der Direktor aus Mannheim am nächsten Morgen vorbeisah, war er sehr zufrieden: Der Heizkessel heizte, und der Brenner brannte sauber. In Deutschland hätte ich den Kundendienstmonteur der Brennerfirma aus Ulm angerufen, aber der war ja weit weg. Globalen Service gab es damals noch nicht. Aber mir wurde klar, dass wir unser Geschäft global aufziehen mussten. An vielen Orten in der Welt gab es Autofabriken, und alle waren für uns als Kunden interessant. Wir konnten nur nicht alles aus Deutschland liefern: Zum einen gab es Importrestriktionen, und außerdem war die lokale Fertigung oft billiger. Also gründeten wir Betriebsstätten und Tochtergesellschaften in den wichtigen Ländern. Das Programm für unsere Kunden hatten wir ja. So wurden wir ein globales Unternehmen. Und in der Presse nannte man uns hin und wieder den »mittelständischen Multi«, was mir naturgemäß gefiel.

Die Millionenstadt Kalkutta mit ihren heiligen Kühen auf den Straßen, die Armut in den Vororten, der gepflegte Luxus im englischen Club, in den mich unser Vertreter eingeladen hatte, die heiligen Männer in den Bergen um Jamshedpur, das Curry-Essen, das bei unkundigen Deutschen zu unangenehmen Verstopfungen führte – alle diese Eindrücke nahm ich zwar auf, aber eigentlich interessierten mich nur die Geschäfte, die ich in Indien tätigen könnte. Ich wollte die Firma ja groß machen.

Das nächste Land, in dem ich als studierender Monteur tätig war, war Brasilien. Vor der Reise dorthin kam meine Tochter Nicole zur Welt. Die erste Nacht, die sie zu Hause verbrachte, war schlimm. Sie schrie fast die ganze Zeit und brachte mich zur Verzweiflung, denn am nächsten Morgen hatte ich Diplomvorprüfung zum Thema »Stationäre Verbrennungsmaschinen«, nicht gerade meine Stärke. Ich weiß nicht, warum, aber der Professor gab mir eine sehr gute Note. Der Flug nach Brasilien mit einer Super Constellation dauerte über 23 Stunden. Bei der Überquerung des Äquators bekamen alle Fluggäste, die diesen Flug zum ersten Mal machten, eine Urkunde. Das waren noch Zeiten.

Brasilien war damals viel europäischer als Indien und befand sich auf dem Weg zu einem modernen Industrieland, zumindest was São Paulo betraf, wo ich arbeitete. Die Brasilianer erlebte ich als friedliche und freundliche Menschen, mit denen man schnell in Kontakt kam – was im Übrigen auch auf die Brasilianerinnen zutraf. »Deus é Brasileiro« – Gott ist Brasilianer. Da konnte man auf die Zukunft bauen. Und ich lernte die Bedeutung des Wortes »jeito« kennen, das immer dann zum Einsatz kam, wenn man eine Angelegenheit erledigte, ohne den formalen Regeln zu folgen. In der DDR hieß das »operativ«.

Unser Kunde war eine amerikanische Autofirma, der für mich und unsere Anlage zuständige Ingenieur war ein Amerikaner namens Bob, der vorher irgendwo in der Wildnis Stahlwerke gebaut hatte. Ein sehr direkter Typ mit Fallschirmjägerjacke und stets mit einem Streichholz zwischen den Zähnen, der mich, als unsere Anlage nicht so richtig anlief, morgens mit den Worten begrüßte: »Heinz, what's wrong with your fuckin' machine?« Fucking? Hatte ich in meinem Schulenglisch nicht gelernt. »You bloody Germans should get your ass up«, ergänzte er. Ich war schockiert. Musste ich mir das gefallen lassen? Ein englischer Ingenieur, der das Ganze mitbekam, riet mir: »Du musst mit der gleichen Münze zurückzahlen.« Am nächsten Morgen kam Bob wieder zur Anlage, wie immer auf seinem Streichholz kauend. »Is your fuckin' machine running?«, fragte er. »No, Sir«, erwiderte ich. »But your fuckin' production system is totally shit.« Bob stutzte und sagte nur: »Come on.« Wir gingen in sein Büro, er holte eine Flasche Whisky aus seinem Schreibtisch, schenkte mir und sich ein Glas ein: »Cheers.« Die Anlage wurde ein voller Erfolg. Und ich war um die Erfahrung reicher, dass man als Unternehmer mit Kunden jeweils auf ganz spezielle Weise umgehen musste.

Zurück in Stuttgart studierte ich weiter und machte mein Vordiplom. Ich besuchte Vorlesungen über technische Mechanik, Maschinenzeichnen, experimentelle Physik, Elektrotechnik, bürgerliches Gesetzbuch, Wirtschaftswissenschaften und so weiter. Ich hörte auch Max Bense, Professor für Philosophie, der uns Studenten nicht zuletzt durch eine ungemein temperamentvolle Vortragsweise aufs Höchste faszinierte. Er war anders, und auch wir wollten anders sein. Bense sagte Sätze wie: »Man macht etwas *in* der Sprache, aber man sollte besser etwas *mit* der Sprache machen.« Sehr viel später, in Interviews und bei meinen Reden, mit denen ich die Unternehmer aufzurütteln versuchte, lernte auch ich, mit der Macht des Wortes umzugehen.

Mein Vater nahm mich öfter mit zu Begegnungen mit seinen Freunden, von denen die meisten Unternehmer waren. Er war stolz, dass sein Sohn studierte, und hätte es gerne gesehen, wenn ich in eine Burschenschaft eingetreten wäre. Aber Burschenschaften oder gar schlagende Verbindungen waren nicht meine Sache. Es gab zwar einige Versuche, mich für die Ghibellinia oder die Suevia, wie die Verbindungen in Stuttgart hießen, zu »keilen«, aber als ich in der Studentenzeitung *Fidibus* einen bissigen Kommentar mit dem Titel »Gaudi(um) Corporationis« geschrieben hatte, war ich in diesen Kreisen endgültig im »Bierverschiss«, wie es im offiziellen Kneipkomment einer Stuttgarter Verbindung hieß. Kneipkomment war der Inbegriff jener studentischen, meist althergebrachten Gesetze und Zeremonien, die beim Kneipen beachtet werden müssen.

Beim Kneipen ging es im Prinzip darum, möglichst viel zu saufen: »Rundgesang und Gerstensaft lieben wir ja alle ... Bruder, deine Schönste heißt?« – auf diese Frage hin hatte sich der rechte Nachbar des Präsidiums zu erheben, den Namen seiner Liebsten aufzusagen und den Humpen auf ex zu leeren. »Sie soll leben hoch am jüngsten Tage noch. Sie lebe, sie lebe dreimal hoch.«

Als ich mit meinem Vater einmal in einer Runde von bedeutenden Unternehmern saß, alles ehemalige Burschenschaftler, und mich kritisch zu derart kindischem, in gewissem Maße auch deutschtümelndem Gehabe äußerte, sagte einer der Anwesenden zu meinem Vater: »Otto, wenn dein Sohn so weitermacht, wird er noch in der Gosse enden.« (Dass dieser Mann später mit seiner Firma Pleite machte und meine Hilfe als Arbeitgebervorsitzender benötigte, war eine interessante Pointe).

Für Burschenschaftler war ich ein Linker, sie nannten mich den »roten« Dürr, was mir gefiel, denn auch der Gründer der Firma Bosch, Robert Bosch der Ältere, wurde der »rote« Bosch genannt. Links sein war damals: Zweifel am Hergebrachten und Sympathie für alles Neue haben – wobei das Neue nicht so richtig definiert war, immer etwas sozialistisch, auf keinen Fall national. Links waren damals die SPD, der *Spiegel* und evangelische Pfarrer. Einmal diskutierte ich in einer Feuerbacher Kirche mit Willi Hoss, Betriebsrat bei Daimler und später Mitbegründer der Grünen, über Kapitalismus und Gerechtigkeit.

Ich habe mein Studium nach zweieinhalb Jahren abgebrochen. Der Ingenieur in der Firma meines Vaters, der mit dem Aufbau eines neuen Bereichs beauftragt war, erlitt unerwartet einen Herzinfarkt, und mein Vater fragte mich, ob ich nicht diesen Bereich übernehmen wolle. Und ich sagte zu. So konnte ich mich als Unternehmer beweisen.

Und mein Ingenieursstudium? Würde ich später das Diplom vermissen? Nur dann, wenn aus mir als Unternehmer nichts würde. Aber das schloss ich bedingungslos aus. Ich nahm in Kauf, mit einem abgebrochenen Studium zu leben. Geschadet hat mir das eigentlich nicht. Zumindest habe ich nichts davon gemerkt. Als Unternehmer musste ich meine Kunden überzeugen können, und das dafür nötige Know-how hatte ich.

Aber ich lernte vieles durch Gespräche mit unseren Kunden. Besonders erinnere ich mich an ein Gespräch mit dem Produktionsvorstand von Volkswagen. Als wir über eine neue Lackieranlage diskutierten, meinte er: »Eigentlich will ich so eine Lackieranlage gar nicht haben. Mir geht es darum, meine Autos möglichst kostengünstig mit hoher Qualität und energiesparend zu lackieren. Wenn es ein Verfahren gäbe, dies ohne eure Anlage zu erreichen, wäre mir das lieber.« Die Anschaffung einer teuren Anlage erschien ihm eher als ein notwendiges Übel. Dass seine Planungsingenieure, deren Arbeitsplatz von der Entwicklung solcher Anlagen abhing, nicht ganz dieser Meinung waren, stand auf einem anderen Blatt. Für mich aber war es wie ein Schlüsselerlebnis: Wenn wir mit dem Vorstand, mit der Leitungsebene unserer Kunden, ins Gespräch kommen und uns profilieren wollten, mussten wir ihnen sagen, auf welche Art und Weise eine Karosserie lackiert werden konnte und wie das kostensparend, hochqualitativ und energieökonomisch vor sich gehen sollte. Wenn wir hier überzeugend argumentierten, würden sie am Ende des Tages auch die Anlage bei uns kaufen. Das war eine erste Lehrstunde im Verkauf von Investitionsgütern: Es galt, Gesamtlösungen für die Probleme des Kunden anzubieten, nicht nur die Hardware, also die Maschinen und die Anlagen. Und dabei waren wir schließlich erfolgreich, auch weil unsere Konkurrenten, die Alteingesessenen, mehr auf ihre Alteingesessenheit setzten als auf offene Diskussion mit Kunden, die eben nur maßgeschneiderte Lösungen wollten. Diese Philosophie habe ich immer hochgehalten. Der Erfolg der Firma Dürr beruht auch heute noch darauf.

Im Jahr 1964 kam ein ganz großes Projekt auf uns zu. Der Volkswagenkonzern brauchte eine Lackieranlage für sein Werk in Brasilien. Eigentlich wollte die brasilianische Tochtergesellschaft diese Anlage selbst errichten, aber dafür benötigten sie die Zeichnungen der Anlage, die der Haus- und Hoflieferant im Stammwerk laufend baute. Der jedoch verlangte für seine Zeichnungen, die er nur zu kopieren brauchte, einen hohen sechsstelligen Betrag. Das war dem Volkswagen-Vorstand zu teuer, er stoppte das Projekt und fragte meinen Vater, ob wir uns den Bau einer solchen kompletten Anlage zutrauen würden. »Schicken Sie mir Ihren Sohn«, sagte er. Ich hatte mir bei kleineren Projekten in Wolfsburg einen gewissen Namen gemacht. Also fuhr ich zu dem Vorstand, der mir Unterstützung zusagte und mich dann nach Brasilien schickte. Ich fand dort Partner, arbeitete das Projekt aus und legte ein Angebot vor. Der Preis entsprach etwa dem Dreifachen unseres damaligen Jahresumsatzes. Wir bekamen den Auftrag und führten ihn sauber und termingerecht aus. Die Erfahrungen aus meiner früheren Montagetätigkeit in Brasilien halfen mir dabei, denn ich kannte ja Land und Leute. Mit diesem Projekt hatten wir eine großartige Referenz in der internationalen Automobilindustrie, Dürr wurde in der Branche weltweit bekannt.

Unsere Firma entwickelte sich. Ich arbeitete gut mit meinem Vater zusammen: Eigentlich war ich nun bereits der Chef, schon vor seinem Rücktritt im Jahr 1969. Er unterstützte mich immer, besonders bei Kundenbesuchen war er sehr hilfreich. Man merkte ihm den Handwerksmeister nicht an, und er konnte bei allem mitreden.

Ich war viel auf Reisen. Am Wochenende versuchte ich, immer zu Hause zu sein. Wenn ich dann am Samstag mit meinen Freunden in der »Kiste«, unserem Stammlokal, zusammensaß und von meinen Taten erzählte, nannten sie mich spöttisch den GRUAZ, den größten Unternehmer aller Zeiten. Vielleicht weil das, was ich da redete, für sie als bodenständige Geschäftsleute etwas sehr global wirkte?

Für mich war klar: Ich wollte erfolgreicher Mittelständler und am besten Weltmarktführer in unserer Branche werden. Was wir dann auch Ende der
1970er-Jahre erreichten.

Gelegenheiten

Aber dann änderte sich etwas in meinem Unternehmerleben. Es ergaben sich Gelegenheiten, etwas Neues, bis dahin Unerwartetes, zu machen. »Können ist
nichts ohne Gelegenheit«, hatte Napoleon erklärt. An
meinem Können zweifelte ich nicht. Gelegenheiten
mussten noch kommen. Gesucht habe ich sie nicht.
Sie ergaben sich einfach. Und vielleicht habe ich mich
an das deutsche Sprichwort gehalten: »Wer die Gelegenheit versäumt, dem zeigt sie den Rücken.«

Die erste kam am Ostermontag 1975. Bei einem Gespräch mit meinem in Stuttgart gut vernetzten Freund
Wolfgang Fahr, er war Generalvertreter einiger Zulieferer für die Automobilindustrie, redeten wir auch
über den Arbeitgeberverband der Metallindustrie in
Nordwürttemberg-Nordbaden (VMI). Der hatte seit
dem Weggang von Hanns Martin Schleyer zum BDI/
BDA nach Köln keinen Vorsitzenden mehr – was insofern problematisch war, als im Bereich des VMI immer die erbittertsten Tarifkämpfe stattfanden: Nicht

zuletzt, weil wichtige Metallarbeitgeber wie Daimler, Bosch, Mahle, große Mittelständler und Autozulieferer, in dieser Region ihren Sitz hatten und die IG Metall, der Tarifpartner des VMI, in diesem Gebiet nicht nur gut organisiert war, sondern von charismatischen Persönlichkeiten wie Willy Bleicher und Franz Steinkühler geführt wurde. Und bei diesem wichtigen Verband der Metallindustrie gab es seit Jahren lediglich eine kommissarische Leitung. Die Großfirmen wollten keinen der Ihren als Vorsitzenden zur Verfügung stellen, denn sie befürchteten, in diesem Falle immer das erste Streikziel der IG Metall zu sein. Und Mittelständlern war der Posten schlicht zu anstrengend, zu zeitaufwendig, vielleicht auch zu gefährlich.

Mein Freund und ich sinnierten, wer denn als erster Vorsitzender infrage kommen konnte. Und dann fragte mich Fahr: »Würdest du es machen?«
»Ich?«
»Ja, du.«
Und eher leichtsinnig sagte ich: »Warum nicht?«
Ich hatte mich ja mit dem Thema Tarifpolitik beschäftigt und war Mitglied im tarifpolitischen Ausschuss des VMI. Ich war immer dagegen, dass die Arbeitgeber eine Tarifrunde mit einem lächerlich niedrigen Angebot begannen, denn ich fürchtete den miserablen Eindruck, den wir damit in der Öffentlichkeit hinterlassen würden. Jeder wusste, dass ein solches Angebot nicht ernst gemeint war, genau wie übrigens die Forderung der IGM. Ich hielt es für

besser, ein vernünftiges, annehmbares Angebot vor-
zulegen, in den Verhandlungen konstruktiv zu argu-
mentieren, dann aber hart zu bleiben. Viele Freunde
aus dem Unternehmerlager waren meiner Meinung.
Aber am Ende folgten sie immer doch der Linie des
Verbandes, weil das einfach so üblich war.

Auf dem Heimweg von der Kaffeerunde dachte ich
über Fahrs Vorschlag nach. Was bedeutete so ein
Amt für mich? Über was für ein »Können« musste
ich verfügen? Verhandlungsgeschick, Standfestigkeit,
Überzeugungskraft? Das traute ich mir zu. Und die
Maxime des Bergsteigers Messner »Das Können ist
des Dürfens Maß« konnte ich im Auge behalten.

Wenig Erfahrung hatte ich mit den Medien, dem Umgang mit der Öffentlichkeit. Das musste ich lernen.
Gab es auch Nachteile? Sicher. Ich würde weniger
Zeit für meine eigene Firma haben. Ich musste auch
an meine Familie denken, denn wir lebten damals in
der Zeit des RAF-Terrors. Ich schob das Nachteilige
zur Seite, die Gelegenheit war da, und ich würde sie
ergreifen.

Am Tag nach dem Gespräch mit Wolfgang Fahr rief
mich Hanns Martin Schleyer an: »Die Sonne geht auf,
wir haben einen Vorsitzenden für den VMI!« Dann
traf ich ihn in seinem Büro bei Daimler in Untertürk-
heim. Wir tranken einen Cognac, und er meinte: »Sie
hatten immer eigene Ideen, und Sie waren nicht immer damit einverstanden, was der Vorstand so mach-

te. Diese Ideen können Sie jetzt in die Praxis umsetzen. Zumindest können Sie es versuchen.« Es ging ihm wie mir um mehr Offenheit darüber, wie unsere Firmen im Wettbewerb standen und was Lohnerhöhungen für uns bedeuteten. Wichtig sei, sich um das Vertrauen der Öffentlichkeit zu bemühen, so wie Schleyer einmal zum 1. Mai gesagt hatte: »Verantwortung des Unternehmers heißt heute zunächst und vor allem Mut. Was nötig ist, ist das Vertrauen der Bürger, und zwar ein Vertrauen, das auf Kenntnis beruht. Zur Kenntnis gehört aber auch die Glaubwürdigkeit, und dafür haben wir uns als Unternehmer einzusetzen.«

Schleyer versprach, mit seinen Kollegen im Vorstand des VMI zu reden und mich dann zur Wahl für der Vorsitz vorzuschlagen.

Auf der Mitgliederversammlung des VMI am 17. Mai 1975 in Mannheim wurde ich einstimmig in den Vorstand des VMI gewählt. Die anschließende Wahl zum Vorstandsvorsitzenden war reine Formsache.

Nach meiner Wahl hielt ich eine Rede, quasi eine Regierungserklärung:

»Unternehmen und vor allen Dingen Unternehmensführern wird oft nachgesagt, sie würden zu sehr am einmal Erreichten festhalten. Die Geschichte hat jedoch gezeigt, dass sich am Ende nur derjenige durchsetzen wird, der die Bereitschaft mitbringt, diese Welt und ihre Gesellschaft ins Positive zu ändern. Auch die Marktwirtschaft existiert nicht kraft historischer Herkunft. Sie muss sich ständig bewähren, und sie muss verteidigt werden. Angriffe gegen sie gibt es, wie wir als Unternehmer wissen, zuhauf. Es nützt nichts, im Nachhinein an der Klagemauer zu stehen, wenn wieder einmal ein Gesetz gegen die unternehmerische Freiheit verabschiedet wird.«

Bei »Klagemauer« vermerkte das interne Protokoll »lebhaften Beifall«.

Ich äußerte mich auch zu den Gewerkschaften und zur sozialen Partnerschaft. Die Probleme der Zukunft könnten nur gemeinsam bewältigt werden, war meine Position:

»In einer Zeit, in der sich allenthalben die Erkenntnis durchsetzt, dass es mit Wachstum allein nicht mehr getan ist, in der wir vielmehr auf die Kreativität aller angewiesen sind, müssen sich auch die verschiedenen gesellschaftlichen Gruppen entschließen zusammenzuarbeiten, um gemeinsame Lösungen zu finden. Und diese Lösungen können immer nur Kompromisse sein.«

Das anschließende Presseecho war positiv, ein »Volltreffer«, schrieb die *Stuttgarter Zeitung*. Besonders meine Feststellung, dass der Verband nicht nur Lohnpolitik betreiben, sondern sich auch um Gesellschaftspolitik kümmern wolle, stieß auf große Zustimmung.

Meine erste Tarifrunde im Jahr 1976 endete mit einem tragfähigen Abschluss. Die zweite Tarifrunde[6] im Jahr 1978 endete erst nach einem dreiwöchigen Streik einschließlich Aussperrung, bei dem fast die gesamte deutsche Automobilindustrie stillgelegt worden war. Aber auch hier kam es wie immer zu einem Abschluss. Danach war ich bundesweit bekannt. Das hing vielleicht auch damit zusammen, dass während des Streiks offenbar sonst nicht viel los war in der Welt. Steinkühler und ich waren in diesen Tagen öfter Aufmacher in der *Tagesschau* und bei *Heute*. Ich war plötzlich Gesprächspartner für die Chefs der großen deutschen Firmen, vor allem der Autoindustrie, also die Kunden der Firma Dürr. Was in solchen Gesprächen diskutiert wurde, war mehr als der übliche Tarifstreit. Es ging um Wirtschafts- und Gesellschaftspolitik ganz allgemein.

Meine Bekanntheit aus der Tarifpolitik führte dann zu der zweiten Gelegenheit. Diese ergab sich 1979 bei einem Gespräch mit dem Chef von Bosch, Hans Lutz Merkle. Ich berichtete ihm über die laufende Tarifrunde, und eher beiläufig kamen wir auf ein Thema zu sprechen, das nicht nur in Industriekreisen, sondern auch in den Medien diskutiert wurde. Die AEG-Telefunken, damals der zweitgrößte deutsche Elektrokonzern, war in großen wirtschaftlichen Schwierigkeiten: hohe Verluste, steigende Schulden. Außerdem hatte der amtierende Vorstandschef das Handtuch geworfen. Man suchte einen neuen Chef. Keiner war in Sicht, die großen Meister der Deutschland AG trauten sich nicht, das Amt zu übernehmen. Die deutsche Industrie hatte sich zu einer »nationalen Rettungsaktion« entschlossen und der AEG mehrere Hundert Millionen DM als zinsgünstiges Darlehen zur Verfügung gestellt. Auch Bosch war an der Rettungsaktion beteiligt.

Wir überlegten, über welche Fähigkeiten der künftige AEG-Chef verfügen musste. »Aus dem jetzigen Vorstand kommt keiner infrage«, sagte Merkle, »die haben den ganzen Schlamassel ja angerichtet.« Die AEG sei ein Konglomerat von unabhängigen Firmen, und der Zentralvorstand wisse nicht, was in den einzelnen Bereichen passiere. Außerdem habe die AEG viel zu viele Leute. »Aber sie hat«, fuhr Merkle fort, »auch ein hohes technisches Potenzial. Eine Menge hochinteressanter Entwicklungen gehen auf die AEG und Telefunken zurück.«
»Könnte die Aufgabe denn auch ein selbstständiger Unternehmer übernehmen?«, warf ich ein.
»Warum nicht?«, erwiderte Merkle trocken. »Zum Beispiel Sie, Dürr, Sie können die AEG in Ordnung bringen.«
»Aber meine Firma hat 500 Millionen Umsatz, die AEG zwölf Milliarden, das passt doch nicht zusammen. Außerdem habe ich wenig Ahnung, wie es in einem Großkonzern zugeht.«
Merkle wiegte den Kopf und meinte: »Zwölf Milliarden müssen Sie auf Firmen Ihrer Größenordnung aufteilen, und da kann ein mittelständlerisches Denken hilfreich sein. Also, soll ich mit den Leuten reden, die den AEG-Chef suchen?«
Ich sagte Ja, und Merkle sprach tags darauf mit Wilfried Guth und Hans Friderichs, den Vorsitzenden der

Deutschen Bank und der Dresdner Bank, die AEG gehörte damals praktisch den Banken. Merkle sagte den beiden Herren, er hätte einen geeigneten Kandidaten für den Vorsitz der AEG, könne aber seinen Namen nicht nennen. Viel später erzählte mir einer der beiden Banker, Merkle hätte gesagt, er könnte sich diesen Mann sogar als seinen Nachfolger vorstellen.

Zwei Tage später traf ich in der Hauptverwaltung der Dresdner Bank die beiden Bankvorsitzenden zusammen mit Merkle. Die Herren wollten wissen, warum ich mir den Job zutrauen würde. Ich führte zwei Gründe auf: Die AEG müsse dezentral organisiert werden, und davon verstünde ich etwas. Personal müsse abgebaut werden, auch darin hätte ich dank meiner Auseinandersetzungen mit der IG Metall genügend Erfahrung.
Friderichs gefiel die Idee mit dem Außenseiter Dürr, er war ja selbst ein Außenseiter und nicht in der Bank groß geworden. Zuvor Bundeswirtschaftsminister, war er nach der Ermordung von Jürgen Ponto zum Vorstandssprecher der Bank berufen worden. Guth meinte: »Man könnte Sie als einen Idealisten bezeichnen, und Idealisten brauchen wir in unserer Zeit.« Idealist war vielleicht etwas gewagt, aber irgendwie traf die Aussage den Punkt.

Die Herren wollten mich also als Vorstandsvorsitzenden für die AEG. Ich brauchte aber noch mehr Fakten. Die bekam ich von dem Unternehmensberater Nicolas Hayek, der die AEG im Rahmen eines Beratungsauftrages untersucht hatte. An Weihnachten trafen wir uns in St. Moritz, Friderichs, Hayek und ich, und redeten vier Stunden über die AEG, über Fakten, Zahlen, Personen und Zukunftsaussichten. Auch über falsche Entscheidungen und unternehmerische Unterlassungen. Der Konzern sei total in Unordnung, erklärte Hayek. Als Beispiel nannte er eine Vorstandssitzung, bei der die Bereichsvorstände Verluste gemeldet hätten und der Vorsitzende gesagt habe: »Ich will aber 100 Millionen Gewinn sehen.« Darauf meinte ein Vorstandsmitglied: »Dann kann ich mich ja gleich umbringen.« Daraufhin hatte der Vorsitzende, der aus Sicherheitsgründen immer eine Pistole trug, diese wortlos aus der Tasche gezogen und sie vor dem Vorstand auf den Tisch gelegt.

Das Sanierungskonzept von Hayek sah einen Personalabbau von bis zu 14 000 Mitarbeitern vor und setzte auf straffe Führung. Das ganze Zahlenwerk der AEG war ziemlich komplex, fast unübersichtlich. Aber mich reizte die Aufgabe. Meine eigene Firma, die Firma Dürr? Während der Streikzeit 1978, als ich ja auch wochenlang weg war, hatte die Mannschaft gezeigt, dass sie in der Lage war, die Firma zu führen. Außerdem gewann ich einen früheren Manager von IBM als Vorsitzenden des Verwaltungsrates meiner Firma.

Ich sprach noch einmal mit Merkle und fragte ihn, was denn so ein Vorstandsvorsitzender eigentlich verdiene. »Eine Mark oder eine Million Mark.« Ich entschied mich für das Letztere. Ersteres wäre doch zu idealistisch gewesen.

Ich sprach auch mit den Kollegen aus dem VMI-Vorstand. Sie wollten mich ungern gehen lassen, waren aber fast stolz, denn es war ja einer der Ihren, der AEG-Chef wurde. Richard Oswald, der Arbeitsdirektor von Daimler-Benz, warnte: »Vorsicht mit den Banken, am Ende sind die feige.« Daran erinnerte ich mich später des Öfteren.

Am 15. Januar 1980 war die außerordentliche Hauptversammlung AEG. Sie dauerte zwölf Stunden. Am Ende wurde ich den übrig gebliebenen Journalisten vorgestellt. Großes Erstaunen. Der Aktionär Erich Nold aus Darmstadt, der Kohlenhändler, der Vorstand und Aufsichtsrat der AEG mit 125 Fragen genervt hatte, soll gefragt haben: »Dürr? Noch nie gehört. Ist der Mann gesund?«

Am 20. Januar wurde ich in einer außerordentlichen Aufsichtsratssitzung zum Vorstandsvorsitzenden der AEG bestellt. Einstimmig. Insgeheim hatte ich mit Gegenstimmen gerechnet.

Am 1. Februar 1980 trat ich meinen Job als Vorstandsvorsitzender der AEG an. Zehn Jahre Steinbruch lagen vor mir. Die schwierigsten Jahre waren die ersten. Aufgrund von Liquiditätsschwierigkeiten mussten wir 1982 einen Vergleich anmelden, der in seiner Größenordnung einmalig für Deutschland war. Es war eine dramatische Zeit. Nach vielen Verhandlungen bewilligte unser Bankenkonsortium einen Massekredit in Höhe von 1,3 Milliarden DM, außerdem erhielten wir eine Bundesbürgschaft in Höhe von einer Milliarde DM, die wir allerdings nie in Anspruch nehmen mussten.

Da die AEG keine Pensionsrückstellung gemacht hatte, war der Hauptleidtragende des Vergleichs der Pensionssicherungsverein PSV, der im Gegenzug alle größeren Firmen belastete (auch die Firma Dürr zahlte 100 000 D-Mark an den PSV).

Zusammen mit dem Vergleichsverwalter Wilhelm Schaaf und meinem Berater Klaus Kuhn arbeiteten wir ein Sanierungskonzept aus, verkauften einige Firmen, reduzierten die Arbeitsplätze, dünnten die Führungsmannschaft aus. Dabei hatten wir stets die Vergleichsordnung aus dem Jahre 1935 im Auge, wo es im 6. Abschnitt, § 56 zum Thema »Verpflichtungs- und Verfügungsfähigkeit des Schuldners nach Eröffnung des Vergleichsverfahrens« heißt: »Der Schuldner darf während des Vergleichsverfahrens die vorhandenen Mittel nur insoweit für sich verbrauchen, als es zu einer bescheidenen Lebensführung für ihn und seine Familie unerlässlich ist.« Unter bescheidener Lebensführung verstand der Vergleichsverwalter auch den Verzicht auf überflüssige Vorstände und Betriebsstätten sowie die Abschaffung von Privilegien aller Art. Der Vergleich wurde am 18. September 1984 erfüllt. Wir waren wieder ein normales Unternehmen.

Nun ergab sich aber eine neue Situation. Es begannen

Gespräche mit Daimler-Benz über eine Beteiligung an der AEG. Daimler-Benz hatte damals schon Dornier, MTU und Messerschmitt-Bölkow-Blohm übernommen und war auf dem Weg zum »integrierten Technologiekonzern«. Edzard Reuter, der Vorstandsvorsitzende von Daimler, war der Spiritus Rector dieses Projektes. Mit ihm hatte ich ein gutes persönliches Verhältnis. Auf meinen Wunsch war er auch in den Aufsichtsrat der AEG eingetreten. Wir waren uns einig, dass das Auto elektrischer würde. Damals war der Elektroanteil an einem Pkw etwa fünf Prozent; Reuter meinte, er würde wohl über 30 Prozent steigen. (Heute liegt er bei über 50 Prozent.) Daimler verfügte aber nicht über das Know-how und die Kompetenzen in Elektrik und Elektronik. Die AEG hatte beides.

1986 übernahm Daimler die Mehrheit an der AEG, die damit Teil des integrierten Technologiekonzerns wurde. Ich wurde Vorstand bei Daimler und versuchte, die AEG in den Konzern zu integrieren. Was nur teilweise gelang.

Dann kam die nächste, die dritte Gelegenheit. Am 27. September 1990 rief mich der Unternehmensberater Roland Berger an. Der Bundeskanzler suche für die Deutsche Bundesbahn einen Unternehmer als Chef. Ob ich jemand kennen würde oder mir das selbst zutraute? Ich kannte die Bahn von meiner Zeit bei der AEG und fand nach längerem Überlegen den Gedanken, Bahnchef zu werden, faszinierend. Also rief ich Roland Berger an und sagte ihm, Helmut Kohl könne mich ansprechen, für Deutschland würde ich es mir überlegen. Was zugegebenermaßen etwas großspurig war, aber zu der damaligen Euphorie der Wiedervereinigung passte.

Ich redete mit Edzard Reuter, der die Idee sehr interessant fand.

So wurde ein Termin mit dem Bundeskanzler für den 4. Oktober 1990 in Berlin vereinbart. Am Tag vorher, dem Tag der Deutschen Einheit, war ich noch bei der Feierstunde in der Philharmonie. Es gab starke Reden von Bundespräsident Weizsäcker und von Frau Bergmann-Pohl, der letzten Volkskammerpräsidentin der DDR. Alles sehr feierlich und ergreifend. Wer ahnte damals, wie schwierig alles werden würde mit diesem großen deutschen Projekt? Einer der wenigen war Oskar Lafontaine, der nach der Feier länger mit mir redete und meinte, die DDR würde sehr viel teurer werden als vorgesehen.

Am Abend traf man sich im Hotel Kempinski. Viel Wein und Bier. Gegen Mitternacht kam Kohl mit seiner Entourage in das Hotel. Seine Sekretärin Juliane Weber versuchte, Heide über mich auszuhorchen, und im Hinausgehen sagt Kohl noch zu mir: »Ich hoffe sehr, dass wir morgen zur Sache kommen.«

Und das taten wir. Um 19 Uhr trafen wir uns im Gästehaus des Bundeskanzlers, zusammen mit Verkehrsminister Zimmermann, Kanzleramtsminister Seiters und Roland Berger. Kohl ließ sich zunächst über die

Bedeutung der Bahn aus: »Wenn es sie nicht gäbe, müssten wir sie erfinden.« Selbst die Autoindustrie sei bei ihm gewesen und habe für die Bahn geworben. Er habe ja einiges bewegt in seinen acht Jahren Regierungszeit, aber ein Thema, das noch nicht erledigt sei, sei eben die Bahn. Ich sagte, dass mich die Aufgabe reizen würde, es sei eine der wichtigsten Aufgaben derzeit überhaupt. Aber seien die Rahmenbedingungen auch so zu verändern, dass man Erfolg haben könnte? Dazu konnte Kohl naturgemäß nichts Verbindliches sagen, doch er bestätigte mehrfach, dass er alles tun würde, die Bahn zu einem Erfolg zu machen.

Minister Zimmermann ergänzte noch, der Vorstand habe einfach seine Hausaufgaben nicht gemacht und der bisherige Geschäftsführer Gohlke sei ein Neurotiker. Die Planung des Vorstands für die nächsten Jahre sehe schlimm aus. Auf der anderen Seite seien 50 Prozent des Verkehrshaushaltes (13 Milliarden) für die Bahn bestimmt. Außerdem würde der Bund elf Milliarden Altlasten übernehmen. Der Verwaltungsrat sei kooperativ, da gebe es keine Probleme.

Ich fragte: »Wann brauchen Sie mich?«

Kohl: »Morgen.«

Ich erbat drei Tage Bedenkzeit, denn ich musste ja noch mit Edzard Reuter und Hilmar Kopper, dem Aufsichtsratsvorsitzenden der Daimler Benz AG, sprechen. Kohl sagte noch, ich bekäme 600 000 D-Mark Jahresgehalt. Ich fragte, ob ich Aufsichtsratsvorsitzender der Dürr AG bleiben könnte. Kohl meinte: »Das müsste klargehen, ich möchte nicht, dass Sie an der Fürsorgegrenze entlangschrammen.«

Kohl stand auf: »Wir wollen Sie.« Ein fester Händedruck.

Nach dem Gespräch mit dem Bundeskanzler informierte ich Reuter detailliert. Er meinte, ohne mir nahetreten zu wollen, die Idee für das Projekt könne ja von uns beiden stammen. Auch Kopper hatte nichts dagegen.

Am 17. Oktober 1990 platzte die Bombe. Die dpa meldete: »Dürr soll Bundesbahnchef werden.« Große Überraschung allenthalben. Unter dem Titel »Großer Bahnhof für Dürr« schrieb die *Börsen-Zeitung* in ihrem Leitartikel: »Die Ära Dürr hat in der 107-jährigen Geschichte der AEG ihren festen Platz als die Ära höchster existentieller Bedrohung und wunderbarer Rettung.« Ob das für die Bundesbahn auch so sein würde?

Am 18. Oktober 1990 wurde ich vom Verwaltungsrat der Bundesbahn, dem 15-köpfigen Gremium unter dem Vorsitz von Hans Wertz, dem Staatsminister außer Dienst, bei einer Gegenstimme zum Vorstandsvorsitzenden der Bundesbahn gewählt. Wer gegen mich stimmte, habe ich nie erfahren.

Schon vorher hatte ich mit Günther Saßmannshausen über die Bahn gesprochen. Er war Vorsitzender einer Regierungskommission Bahn, die bereits 1988 vom Verkehrsminister eingesetzt wurde, um Vorschläge zur Sanierung der Bundesbahn zu machen.

Die Lage der Bahn zeichnete ein ziemlich trübes Bild. Professor Albach, ebenfalls Mitglied dieser Regierungskommission, hatte eine vorläufige Bilanz der Bundesbahn erarbeitet, die einen Bilanzverlust von 100 Milliarden DM auswies, der nur 43 Milliarden als Forderungen an den Bund gegenüberstanden. Die Bahn war also praktisch pleite. Aber sie hatte ja den Eigentümer Bund, der nicht pleitegehen konnte.

Am 1. Januar 1991 trat ich den Dienst bei der Bundesbahn an, wohl wissend, dass außer der Sanierung auch noch die Aufgabe anstand, die Bundesbahn mit der Reichsbahn, die finanziell noch schlechter dastand, zu vereinigen. Aber es ging auch darum, für die Bahn eine Struktur zu finden, in der sie als Unternehmen agieren konnte, und das war die Aktiengesellschaft. Hierzu musste allerdings Artikel 87 des Grundgesetzes geändert werden, denn in diesem Artikel war die Bundesbahn zusammen mit dem Auswärtigen Dienst und der Bundesfinanzverwaltung als bundeseigene Verwaltung mit eigenem Verwaltungsunterbau genannt. Für diese Änderung brauchte man eine Dreiviertelmehrheit im Bundestag und im Bundesrat – ein nicht ganz einfaches Unterfangen, doch am Ende stimmten beide Gremien mit großer Mehrheit zu. Es gab nun den neuen Grundgesetzartikel 87e zur Eisenbahnverkehrsverwaltung, in dem es heißt: »Eisenbahnen des Bundes werden als Wirtschaftsunternehmen in privat-rechtlicher Form geführt. Diese stehen im Eigentum des Bundes, soweit die Tätigkeit des Wirtschaftsunternehmens den

Bau, die Unterhaltung und das Betreiben von Schienenwegen umfasst. Die Veräußerung von Anteilen des Bundes an diesem Unternehmen erfolgt auf Grund eines Gesetzes; die Mehrheit der Anteile an diesem Unternehmen verbleibt beim Bund.«

Ab 1. Januar 1994 gab es die Deutsche Bahn AG. Ich wurde Vorstandsvorsitzender und führte die Bahn bis Juli 1997.

Danach wurde ich Vorsitzender des Aufsichtsrats. Von diesem Amt trat ich am 24. Februar 1999 wegen Meinungsverschiedenheiten mit Verkehrsminister Müntefering zurück.

Und dann kam die vierte und letzte Gelegenheit im Jahre 1999. Siemens-Vorstand Hermann Franz rief mich an, ob ich bereit wäre, sein Nachfolger als Stiftungskommissar bei der Carl-Zeiss-Stiftung mit den beiden Stiftungsunternehmen Carl Zeiss/Oberkochen und Schott/Mainz zu werden. Da er jetzt 70 sei, müsse er das Amt aus Altersgründen niederlegen. Ich hatte keine damals größeren Aufgaben mehr und sagte zu. Es begann eine spannende Zeit, die 2003 endete, als auch ich 70 wurde. Carl Zeiss war zu Beginn meiner Tätigkeit in großen finanziellen Schwierigkeiten, und auch bei Schott lief nicht alles rund. Das Hauptproblem war das Stiftungsstatut aus dem Jahre 1896, das der Gründer Ernst Abbe festgelegt hatte.

Also wieder ein Sanierungsfall, wie schon bei der AEG und der Deutschen Bahn. Bei der Bahn und jetzt bei der Carl-Zeiss-Stiftung ging es aber auch um eine weitgehende Neuordnung der Corporate Governance, die gelöst werden musste.

Ziehe ich eine Bilanz dieser vier Gelegenheiten, so muss ich vorneweg noch sagen, dass ich während der ganzen Zeit über immer mit der Firma Dürr verbunden war. Sie betrachtete ich als mein Unternehmen, als meine und der Familie Basis, auch wenn unsere Familie heute nur noch etwa 30 Prozent an der Dürr AG hält. Diese Beteiligung sicherte mir Unabhängigkeit auch in schwierigen Zeiten.

Was also habe ich aus den vier Gelegenheiten meines Lebens gemacht? Bei der Nummer eins, also dem Vorsitz des Arbeitgeberverbands der Metallindustrie in Nordwürttemberg-Nordbaden, ist die Antwort am einfachsten. Ich konnte mich in die Aufgabe einbringen und einige eigene Vorstellungen, insbesondere was das Bild der Unternehmen in der Öffentlichkeit angeht, realisieren. Der Publizität meiner Firma und meiner Person hat es nicht geschadet. Eigentlich hat mein persönlicher Aufstieg mit diesem Amt und dieser Aufgabe begonnen. Und ich habe viel dazugelernt in Sachen Gesellschaftspolitik und sozialer Marktwirtschaft.

Fazit also insgesamt positiv.

Die Gelegenheit Nummer zwei, AEG, hat gut begonnen mit dem erfolgreichen Abschluss des Vergleichs und der Neuordnung des Konzerns. Auch hier habe ich viele neue Erfahrungen gesammelt und eine Menge darüber gelernt, wie ein Großkonzern funktioniert und welche gesellschaftlichen Kräfte auf ihn einwirken. Dabei war es sicher ein Glücksfall, dass ich mit Klaus Kuhn, einem erfahrenen Konzernstrategen, einen Mitstreiter hatte, der im Umgang nicht immer einfach war, doch er verfügte über eine ungemein detaillierte Kenntnis darüber, wie es in einem Großunternehmen zugeht. Von ihm habe ich das Goethe'sche Prinzip »Genie ist Fleiß« übernommen.

War es ein Fehler, die Übernahme durch Daimler anzustreben?

Die AEG war durch den Vergleich gerettet, aber ich hielt sie allein für zu schwach, um im Weltmarkt zu bestehen. Und natürlich spielte hier auch die Aussicht, Teil des großartigen Daimler-Konzerns zu werden, eine große Rolle. Einige konzerninterne Kräfte habe ich allerdings unterschätzt. War meine Führung des Teilkonzerns AEG nicht straff genug? Es war naturgemäß nicht einfach, im Ergebnis mit Konzernbereichen wie der Pkw- oder Lkw-Sparte mitzuhalten. Daimler hatte damals eine Definition des Betriebsergebnisses, das bei einem Wert null bereits zehn Prozent Dividende, Zins und Pensionen mit sechs Prozent und Rückstellungen für alle möglichen Eventualitäten vorsah. So sank damals das Ergebnis der AEG von plus 200 Millionen auf minus 200 Millionen. Aber das hatte ich ja gewusst. Vor meinem Weggang zur Bahn änderte sich das handelnde Personal – Edzard Reuter wurde durch Jürgen Schrempp als Vorstandsvorsitzender ersetzt –, und danach galt nur noch die Formel »Profit, Profit, Profit!« Am Ende wurde die im Konzern ungeliebte AEG zerschlagen und in Einzelteilen verkauft. Heute existiert nur noch der Name, und der gehört anderen Eigentümern.

Fazit: Ich hatte die Gelegenheit ergriffen, aber nicht konsequent zu Ende, das heißt zum Erfolg geführt.

Die Gelegenheit Nummer drei, mein Vorstandsvorsitz bei der Deutschen Bahn, wurde mit der Bahnreform zur Erfolgsgeschichte. Aus der Behörde wurde ein Unternehmen des Bundes, der auch die Altschulden übernahm. Durch eine Grundgesetzänderung wurde die Bahn eine Aktiengesellschaft mit klarer Führungsstruktur: Eigentümer – Aufsichtsrat – Vorstand. Die Zusammenführung der Deutschen Bundesbahn und der Deutschen Reichsbahn gelang erfolgreich. Der notwendige Personalabbau – von knapp 500 000 auf 300 000 Mitarbeiter – wurde ohne öffentliche Turbulenzen durchgeführt. Es gelang, eine gewisse Aufbruchsstimmung im Unternehmen zu erzeugen, es gab viele neue Projekte wie die Bahncard, das »Schöne-Wochenende-Ticket«, die Renaissance der Bahnhöfe und anderes. Auch betriebstechnisch gab es neue Ansätze wie die stärkere Anwendung der Informationstechnologie, die wir zeitgemäß mit »Computeraided Railroading« bezeichnet haben.

Das Problem begann damit, dass Bundeskanzler Kohl für meine Nachfolge nicht einen Unternehmer, sondern einen Beamten, seinen Staatssekretär Ludewig, vorschlug und auch durchsetzte, obwohl dieser keinerlei Erfahrung mit der Führung eines Großkonzerns hatte und der auf mich als Aufsichtsratsvorsitzenden nur bedingt hörte. Ich wies den Verkehrsminister Franz Müntefering mehrfach auf die Probleme hin. Aber der hatte kein besonderes Interesse an der Bahn, und er hat mich auch nie danach gefragt, wie es der Bahn eigentlich geht. Mit der ging es allerdings unter dem neuen Vorstandsvorsitzenden nicht voran, was nicht nur von den Betriebsräten, sondern auch vom Aufsichtsrat lautstark moniert wurde. Die Aufbruchsstimmung ging verloren, Führung fehlte. Ich plädierte für die Berufung eines neuen Vorsitzenden. Doch der Minister zögerte. Ich stellte die Vertrauensfrage: er oder ich? Aber es gab keine Entscheidung. Also hielt ich mich an Senecas Satz »Wäge ab, ob du lieber dich selbst aufgibst oder dein Amt« und trat zurück.

Der Beamte wurde einige Monate später trotzdem abgelöst und durch einen Unternehmer ersetzt, der aber als oberstes Ziel einen Börsengang der Bahn vorgab, was in der Bahnreform nicht vorgesehen war und aufgrund fehlender Investitionen wohl als Ursache für die heutige Lage der Deutschen Bahn AG anzusehen ist.

Bin ich zu früh zurückgetreten? Manchmal stelle ich mir diese Frage. Heute hat der Eigentümer Bund die Lage erkannt und will mit großen Investitionen die Bahn zum Klimaretter machen.

Fazit: Gelegenheit ergriffen. Mit Unterstützung der Bundesregierung die Bahnreform durchgesetzt. Ein schwieriges Unterfangen, viele Beteiligte mussten überzeugt werden. Das Thema Personalüberhang wurde sozialverträglich gelöst. Jetzt sind die Weichen gestellt. Insgesamt also ein erfolgreiches Projekt. Aber durch die Personalquerelen gingen Jahre verloren. Es geht jetzt darum, dass der Eigentümer seine Pflichten gemäß dem Grundgesetz – Eigentum verpflichtet – wahrnimmt.

Und die Gelegenheit Nummer vier? Als Stiftungskommissar der Carl-Zeiss-Stiftung hatte ich gemäß Statut eine einmalige Position. Ich war praktisch ein Ein-Mann-Aufsichtsrat. Es gab wohl einen Unternehmensrat, doch der hatte nur beratende Funktion. Trotzdem war mein Einfluss begrenzt, denn viele Mitarbeiter, vor allen Dingen bei Carl Zeiss, hatten sich über Jahre die Meinung gebildet, das Unternehmen gehöre eigentlich ihnen. Dies war jedoch keineswegs im Sinne des Stifters Abbe, der ein sozialer Unternehmer war und den Achtstundentag, eine großzügige Pensionsregelung und eine Betriebskrankenkasse sowie bezahlten Urlaub eingeführt hatte, aber aus Prinzip die Mitbestimmung ablehnte. Für ihn war wichtig, dass die Mitarbeiter angehört wurden. »Wenn man anhört, muss man immer auch eine Antwort geben, die man anständigerweise auch mit Gründen versehen muss.«
Aber das Statut enthielt auch mehrere Paragrafen, die eine Unternehmensführung im modernen Sinne verhinderten. Praktisch wurden Carl Zeiss und Schott wie eine Einzelkaufmann-Firma geführt. Daraus ergaben sich Haftungsfragen, und Ausgliederungen waren

sehr schwierig. In Paragraf 118 hieß es, dass das Statut nur geändert werden könne, wenn sich die rechtlichen, technischen oder ökonomischen Bedingungen verändern würden. Im Jahr 1999 bestätigte das Oberlandesgericht Stuttgart, dass sich diese Bedingungen seit 1896 geändert hatten. Ich konnte also an eine Neufassung des Statuts gehen. Zusammen mit der Stiftungsverwaltung, das waren die Wirtschaftsminister von Baden-Württemberg und Thüringen, wurde eine solche Änderung dann auch durchgeführt. Heute gehören der Carl-Zeiss-Stiftung zwei Aktiengesellschaften, die Carl Zeiss AG und die Schott AG. Sie werden nach dem Gesetz einer Aktiengesellschaft geführt, und: dies äußerst erfolgreich, wie man heute feststellen kann. Bei Carl Zeiss gab es im Jahr 2019 (Stichtag 30. September) bei 6,4 Milliarden Euro Umsatz einen Jahresüberschuss von 748 Millionen Euro, was 11,6 Prozent entspricht. Bei Schott betrug der Umsatz im Jahr 2019 (Stichtag 30. September) 2,2 Milliarden Euro und der Jahresüberschuss 206 Millionen Euro = 9,4 Prozent.

Bei einer Veranstaltung verliehen die Management-Beratung Bain & Company und das *Manager Magazin* einen Game Changer Award an Michael Kaschke, den Vorstandsvorsitzenden von Carl Zeiss. In seiner Dankesrede erklärte Kaschke: »Ohne die Stiftungsreform von Herrn Dürr wäre das alles nicht möglich gewesen.« Insofern kann ich als Fazit für die Gelegenheit Nummer vier sagen: Das war das erfolgreichste Projekt, das sich aus meinen vier Gelegenheiten ergeben hat.

Tarifpolitik

Wenn ich heute auf Lebenserfahrungen zurückblicke, dann spielen meine Erfahrungen in der Tarifpolitik eine große Rolle. Die Tarifrunden und das ganze Drumherum haben mich geprägt. Mir war immer klar, dass eine Massenorganisation wie die IG Metall anders funktioniert als ein Unternehmen. Daraus habe ich gelernt, dass man Gremien, eigene und die des Kontrahenten, mit Argumenten überzeugen muss. Und dass es vor allem ums Zuhören geht, denn nur so begreift man, was der andere wirklich meint.

Als wichtigstes Erlebnis in dieser Hinsicht steht mir immer meine zweite Tarifrunde 1978 vor Augen.
Die IG Metall hatte außer einer achtprozentigen Lohnerhöhung eine kollektive Lohnsicherung gefordert. Im Prinzip ging es darum, dass die Lohnsumme, dividiert durch Anzahl der Mitarbeiter, konstant bleiben sollte. Was das bedeuten würde, erläuterte ich dem ZDF am Beispiel der Firma Otto Dürr OHG in Ochsenbach, einem Betrieb mit 25 Mitarbeitern: Käme

es zu dem geforderten kollektiven Lohnsicherungs-
vertrag, so hieße das, dass bei einer Pensionierung
der beiden ältesten Mitarbeiter, die in der höchsten
Lohngruppe waren, die verbleibenden 23 Mitarbeiter
in niedrigeren Lohngruppen alle mehr Gehalt bekä-
men. Man stelle sich vor, was das bei einem Betrieb
mit mehreren Tausend Mitarbeitern bedeutet hätte.
Ein solcher Vertrag war für uns als Arbeitgeber inak-
zeptabel, eigentlich nicht einmal verhandelbar.
Die Journalisten fragten den IG-Metall-Bezirksleiter
Franz Steinkühler als Verhandlungsführer, ob denn
Dürrs Beispiel stimme. Er musste zugeben, dass das
schon richtig sei, aber eben in einem größeren Unternehmen ganz anders gesehen werde müsste.

In den tagelangen Verhandlungen gab es keine An-
näherung der Positionen, und so kam es zur Schlich-
tung, die vom Oberlandesgerichtspräsidenten geleitet
wurde, der allerdings die Positionen der Kontrahenten nur bedingt verstand. Es erging ein vager Schlich-
tungsspruch, mit einer Lohnzahl von 4,8 Prozent
und einigen Details zum Absicherungsvertrag. Die
4,8 Prozent wären für uns akzeptabel gewesen, aber
die IG Metall blieb bei acht Prozent. Sie rief zur Ur-
abstimmung auf, und am 15. März 1978 traten mit
Beginn der Frühschicht in 62 Betrieben 80000 Arbeiter und Angestellte in den Streik. Wir beschlossen
Abwehraussperrung ab dem 20. März, Mitternacht,
in allen Betrieben mit über 1000 Mitarbeitern. Somit
waren über 200000 Metaller im Ausstand.

Wir verhandelten Tag und Nacht. Eine Lösung war nicht in Sicht. Das merkte auch die IG Metall und versuchte einzulenken, zumal das Thema kollektive Lohnsicherung in der Öffentlichkeit sehr schwer zu erklären war. In den Medien hatten die IG Metall und Steinkühler daher bereits die Oberhand verloren.

Einmal traf ich mich mit Steinkühler zu einem Geheimgespräch in der Bank für Gemeinwirtschaft, also dort, wo die Streikgelder lagen, wie mir der Filialleiter schmunzelnd verriet. »In den Streik zu gehen ist einfach«, sagte Steinkühler, »aber man muss auch wissen, wie man wieder herauskommt.« Wir konnten uns nicht einigen, aber wir vereinbarten den nächsten Termin.

Der Arbeitskampf zeigte Wirkung. VW beantragte Kurzarbeit, ebenso Ford, BMW, NSU und MAN. Ich machte eine Rechnung auf, dass der Arbeitskampf in der Zwischenzeit Milliarden kostete und das Bruttosozialprodukt in diesem Jahr vermutlich sinken würde, wenn der Arbeitskampf über Ostern hinausginge. Wir blieben hart. Darin wurde ich durch eine Bemerkung des früheren SPD-Finanzministers Alex Möller bestärkt, der bei einem Empfang eher beiläufig zu mir sagte: »Bei diesem Streik kann Steinkühler nicht gewinnen. Das sollten Sie wissen.«

Der pausenlose persönliche Einsatz forderte seinen Tribut. Die Resilienz der Kontrahenten war schwächer geworden. Es hieß, Steinkühler sei krank. Man merkte es ihm auch an, wenn er mit glasigem Blick den Gesprächen im kleinen Kreis folgte. Auch ich schwächelte. Meine Frau rief unseren Hausarzt. Er maß Blutdruck und Puls und gab mir eine Aufbauspritze.

Die Verhandlungen gingen weiter. Nach über zwei Wochen Arbeitskampf, durch den die deutsche Automobilindustrie in weiten Bereichen stillgelegt wurde, kam es zu der entscheidenden Sitzung. Diesmal erschienen auch die Betriebsratsvorsitzenden von Daimler und Bosch. Zum ersten Mal ging es vor allem um die Lohnzahl. Die IG Metall forderte weiterhin acht Prozent. Unser Angebot lag bei 3,5 Prozent, der Vorschlag des Schlichters hatte 4,8 Prozent gelautet.

In einer Verhandlungspause stand ich neben dem Betriebsrat von Daimler am Pissoir. Er sagte zu mir: »Ist Ihnen aufgefallen, dass in diesem Raum fünf Pissoir-Schüsseln stehen?« Da war sie, die entscheidende Zahl, der Mittelwert.

Gegen vier Uhr morgens waren sich IG Metall und VMI über einen Lohnabschluss von fünf Prozent einig. Die kollektive Lohnsicherung wurde gestrichen. Vereinbart wurde ein vom IGM-Justiziar entwickeltes Rationalisierungsschutzabkommen. Zusammen mit Steinkühler trat ich gegen sechs Uhr morgens vor die Presse, und wir verkündeten die Einigung. Die Medien berichteten am nächsten Tag, die beiden Verhandlungsführer hätten einen sichtlich erschöpften Eindruck gemacht. Das stimmte in der Tat. Wir hatten 25 Verhandlungstage hinter uns und sicher mehr als 250 Stunden verhandelt. Dazu kam sicher noch mal die gleiche Stundenzahl für Gespräche und Verhandlungen in den eigenen Tarifkommissionen und Gremien, die zum Teil genauso anstrengend waren wie die zwischen den Tarifpartnern.

Steinkühler ging ins Gewerkschaftshaus zu seinen Streitkomitees. Die waren alles andere als erfreut oder gar zufrieden. Wegen 0,2 Prozent (der Vorschlag des Schlichters lautete ja 4,8 Prozent) drei Wochen Streik? Auf einem Transparent hieß es: »Franz, dieser Abschluss ist zu Dürr.«

Nach diesen zugegebenermaßen persönlichen Eindrücken aus der Tarifpolitik nun einige grundsätzliche Bemerkungen: Unsere soziale Marktwirtschaft ist auf eine funktionierende Tarifautonomie angewiesen. Im Grundgesetz ist das Recht der Tarifparteien, Verträge frei und ohne staatlichen Einfluss abzuschließen, gesichert. Im Prinzip geht es um das Subsidiaritätsprinzip. Dabei ist immer das Gemeinwohl im Auge zu behalten. Denn Tarifabschlüsse haben stets auch Auswirkungen auf die gesamte Volkswirtschaft. Dies ist die Forderung an die Sozialpartner.

Wie es zu Tarifabschlüssen kommt, hat immer mit gewissen Traditionen zu tun. Man kann schon fragen, ob die hergebrachte Art und Weise, wie man zu Tarifabschlüssen gelangt, nicht überholt ist. Einmal habe ich mit Franz Steinkühler einen neuen Manteltarifvertrag verhandelt. Dabei haben wir auf die üblichen Rituale – Auftaktverhandlungen, gegenseitige Forderungen, Zuspitzungen bis zum Arbeitskampf – verzichtet. In gemeinsamen Kommissionen wurden die einzelnen Paragrafen durchdiskutiert, und am Ende hatte man sich auf einen neuen Manteltarifvertrag geeinigt. Ohne Arbeitskampf. Ob ein solches Vorgehen erfolgreich ist, hängt sehr stark von den handelnden Personen ab. Es muss wechselseitiges Vertrauen bestehen, und beide Seiten müssen das Gemeinwohl im Auge behalten.

2020 verliefen die Tarifverhandlungen in der Metall- und Elektroindustrie in ähnlicher Weise, unüblich leise, allerdings unter dem Einfluss der Corona-Krise. Die Tarifpartner wussten, dass die Wirtschaft in einer Rezession steckt und dass es jetzt vor allen Dingen darum geht, Arbeitsplätze und die Wettbewerbsfähigkeit der Unternehmen zu sichern. So wurde der zum 31. März gekündigte Entgelttarifvertrag ohne eine Erhöhung der Tabellenentgelte unverändert wieder in Kraft gesetzt. Es gibt zusätzlich Regelungen für Beschäftigte, die Kinder betreuen müssen, es gibt Freie-Tage-Regelungen und bei Kurzarbeit Härtefallregelungen. Aber vor allem geht es um Beschäftigungssicherung, und der auf freiwilliger betrieblicher Basis umsetzbare Tarifvertrag »Zukunft in Arbeit« aus dem Jahr 2010 wird modifiziert wieder in Kraft gesetzt. Aber ohne das übliche Geschrei oder gar Streiks.

Heute wird vom Staat gefordert, einen Mindestlohn gesetzlich festzulegen. Der Staat soll bestimmen, was zu einem anständigen Leben erforderlich ist. Was ist ein »anständiges« Leben? Und sind die Gewerkschaften nicht mehr in der Lage, solche Mindestlöhne auszuhandeln? Haben sie Schwierigkeiten, die entsprechenden Argumente in sachlicher und überprüfbarer Form darzulegen? Viel wird in diesem Zusammenhang von Gerechtigkeit gesprochen. Dazu müsste man genauer wissen, was eigentlich gerecht ist. Die Vorstellungen hierzu sind viel zu unterschiedlich. Den Mindestlohn halte ich persönlich im Prinzip für richtig.

Der Ruf nach dem Gesetzgeber ist eine Bankrotterklärung der Tarifautonomie. Ich finde es auch problematisch, wenn ein Arbeitgeber die Gerichte anruft, um einer Gewerkschaft das Streiken verbieten zu lassen, auch wenn es genügend Argumente gegen sogenannte »maßlose Lohnforderungen« gibt.

Bei jeder Vereinbarung zwischen den Sozialpartnern liegt der Teufel im Detail. Aber das zu regeln, ist Sache der Tarifpartner, nicht der Politik. Ich finde es bedauerlich, wenn ein Bahnchef die Bundeskanzlerin in einem offenen Brief bittet, einen »wild gewordenen« Gewerkschaftsführer in seine Schranken zu weisen, und dies mit dem Hinweis, die Tarifautonomie sei nicht explizit gesetzlich geregelt, was nur bedingt richtig ist. Und einmal hat mich sogar ein Gewerkschaftsführer gebeten, den Bundespräsidenten dazu zu bringen, mäßigend auf den Vorsitzenden der Gewerkschaft der Lokführer einzuwirken.

Gewerkschaften greifen immer auch in die Gesellschaftspolitik ein. Arbeitsbedingungen haben gesellschaftspolitische Auswirkungen. Das trifft insbesondere in unserer Zeit zu, in der die gesamte Arbeitswelt durch die Digitalisierung verändert wird. Die IG Metall beschäftigt sich intensiv mit diesem Thema, wie ich vor Kurzem in einem Gespräch mit der stellvertretenden Vorsitzenden feststellen konnte. Es gibt Unterschiede bei den Gewerkschaften. Einige sind kämpferischer als andere. Manche Gewerkschaften sind gut organisiert und haben auch die finanziellen Mittel, ihren Standpunkt zu vertreten. Aber dieser sollte immer auch im Sinne unserer sozialen Marktwirtschaft sein. Gewerkschaften sollten sich nicht darstellen als das mit Trillerpfeifen ausgestattete und Fahnen schwenkende Gewissen, sondern ihre Positionen in argumentativer Auseinandersetzung mit den Arbeitgebern vertreten.

Höchst naiv erscheint es mir, wenn der amerikanische Präsident Donald Trump per Twitter die Tarifpartner General Motors und United Auto Workers auffordert, den Streik doch bitte (!) zu beenden. Um in diesen Fragen zu einer konstruktiven Zusammenarbeit zu gelangen, ist es aber wichtig, dass sich die Arbeitgeber bei Tarifpolitik engagieren, und dies nicht nur in Gesprächen mit dem Betriebsrat, sondern vor allen Dingen im persönlichen Engagement in den Arbeitgeberverbänden. Das ist teilweise mühsam und zeitraubend, aber unerlässlich, wenn das hohe Gut der Tarifautonomie Bestand haben soll. Ich habe diese positive Erfahrung gemacht und dabei gelernt, welchen Einfluss die Tarifautonomie auch auf die Unternehmenskultur haben kann.

Unternehmensführung

Ich war in meinem ganzen Berufsleben Leiter eines Unternehmens, und Unternehmensführung war mein Auftrag. Das war immer eine faszinierende Aufgabe, denn sie ist mit großen wirtschaftlichen, technischen, sozialen und teilweise auch politischen Herausforderungen verbunden. Das betrifft den Kleinbetrieb ebenso wie das Großunternehmen. Wer sich dieser Aufgabe stellt, muss allerdings bereit sein, auch persönliche Belastungen auf sich zu nehmen. Nur reich werden zu wollen genügt nicht, um ein erfolgreicher Unternehmer zu werden. Aber es kann die Folge sein. Welche Zielsetzungen hat ein Unternehmen? Für mich gibt es deren vier:

1. Vordringliche Aufgabe jedes Unternehmens ist es, den Markt, das heißt die Gesellschaft, mit Gütern und Dienstleistungen zu versorgen.
2. Um dieser Aufgabe gerecht zu werden, braucht das Unternehmen Mitarbeiter, deren Arbeitsplätze möglichst sicher und langfristig angelegt sein sol-

len. Der Unternehmer hat eine soziale Verantwortung für seine Mitarbeiter.

3. Das eingesetzte Kapital muss angemessen verzinst werden.
4. Ein Unternehmen muss den ökologischen Notwendigkeiten Rechnung tragen.

Diese vier Zielsetzungen sind gesellschaftliche Aufgaben. Ein Unternehmen kann seiner inneren Struktur nach also als eine *gesellschaftliche Veranstaltung* angesehen werden. Als ich diesen Begriff in den 70er-Jahren zum ersten Male verwendete, meinte einer der großen Meister der deutschen Wirtschaft: »Unser junger Kollege hat wohl sozialistische Anwandlungen.«

Die gesellschaftliche Veranstaltung Unternehmen muss Gewinn machen. Das heißt, die Einnahmen müssen größer sein als die Ausgaben, und zwar auf Dauer gesehen. Dabei geht es um angemessenen, nachhaltigen Gewinn, nicht um kurzfristige Gewinnmaximierung. Der Gewinn ist nicht ausschließlicher Zweck eines Unternehmens, sondern Messgröße, die anzeigt, ob die gesellschaftliche Veranstaltung Unternehmen funktioniert. So wie die Körpertemperatur anzeigt, ob der Körper gesund ist, aber selbst nicht die Gesundheit darstellt.

Gewinn braucht ein Unternehmen, um sich weiterzuentwickeln. Es muss in Sachanlagen und in Mitarbeiter investiert werden. Übernahmen anderer Firmen können hilfreich sein, entweder um die eigene

Marktposition zu stärken oder um neue Aktivitäten zu diversifizieren.

Mit dem Gewinn eigene Aktien zu kaufen, davon halte ich nichts. Mit einer solchen Maßnahme wird ja der Gewinn pro Aktie erhöht und damit die Boni der Führungskräfte. Wichtiger für ein Unternehmen sind Investitionen.

Vor Jahren hatte ich einmal mit einem Professor aus Princeton über Unterschiede in deutscher und amerikanischer Unternehmenskultur diskutiert und dabei meine Position vom Unternehmen als gesellschaftlicher Veranstaltung dargelegt. Einer der Diskussionsteilnehmer, Professor an einer deutschen Universität, meinte danach, das klinge ja ziemlich moralisch. Und moralisch dürfe ein Unternehmer nun mal nicht sein, sonst könne er nicht erfolgreich sein. Offensichtlich ging es diesem Herrn um Gewinnmaximierung, um die Idee des Shareholder-Value, wie sie der Nobelpreisträger Milton Friedman in den 70er-Jahren gefordert hatte: »Die soziale Verantwortung der Unternehmen ist es, ihre Gewinne zu vergrößern.«

Aber in der Zwischenzeit hat sich da einiges geändert, auch in den USA. Das zeigt eine Resolution, die zweihundert große Unternehmen im August 2019 veröffentlicht haben. Unter anderem heißt es da:

Die Amerikaner verdienen eine Wirtschaft, die es jedem Menschen ermöglicht, durch harte Arbeit und

Kreativität erfolgreich zu sein und ein Leben in Sinn und Würde zu führen.

Die Unternehmen spielen eine entscheidende Rolle in der Wirtschaft, indem sie Arbeitsplätze schaffen, Innovationen fördern und wesentliche Güter und Dienstleistungen bereitstellen.

Die Unternehmen haben eine grundlegende Verpflichtung gegenüber allen unseren Stakeholdern. Wir verpflichten uns:

- *Unseren Kunden einen Mehrwert zu liefern.*
- *In unsere Mitarbeiter zu investieren. Dies beginnt damit, sie fair zu entlohnen und wichtige Zusatzleistungen anzubieten. Dazu gehört auch, sie durch Training und Ausbildung zu unterstützen, die ihnen helfen, neue Fähigkeiten für eine sich schnell verändernde Welt zu entwickeln.*
- *Wir gehen fair und ethisch korrekt mit unseren Lieferanten um. Wir sind bestrebt, den anderen Unternehmen, ob groß oder klein, die uns bei der Erfüllung unserer Aufgaben unterstützen, als gute Partner zu dienen.*
- *Wir unterstützen die Gemeinden, in denen wir arbeiten. Wir respektieren die Menschen und schützen die Umwelt, indem wir nachhaltige Praktiken in allen unseren Unternehmen anwenden.*
- *Langfristige Wertschöpfung für unsere Aktionäre, die das Kapital bereitstellen, das es den Unternehmen ermöglicht, zu investieren, zu wachsen und*

innovativ zu sein. Wir verpflichten uns zu Transparenz und effektivem Engagement gegenüber unseren Aktionären.

Jeder unserer Stakeholder ist von wesentlicher Bedeutung. Wir verpflichten uns, für alle von ihnen Werte zu schaffen, für den zukünftigen Erfolg unserer Unternehmen, unserer Gemeinden und unseres Landes.

Das wäre Jack Welch, dem legendären Chef von General Electric, einem überzeugten Vertreter des Shareholder-Value, wohl kaum in den Sinn gekommen. Aber die Resolution bestätigt meine Position, und ich kann hier noch weitere Zeugen anführen, zum Beispiel Hermann Josef Abs, den legendären Deutschbanker: »Die Gewinnerzielung allein ist keine ausreichende Legitimation für wirtschaftliche Betätigung und gegenüber der Gesellschaft.«
Auch Joe Kaeser, den Vorstandsvorsitzenden von Siemens, kann ich nennen: »Ein Unternehmen hat nur eine Existenzberechtigung, wenn es nachhaltig und langfristig Wert für die Gesellschaft schafft.«
Ebenso wie den Bosch-Chef Franz Fehrenbach: »Profitmaximierung ist bei uns kein Unternehmensziel an sich. Unser Ziel heißt profitables und nachhaltiges Wachstum, Erhalt der unternehmerischen Selbstständigkeit und finanzielle Unabhängigkeit.«

Was bedeutet eine solche Einstellung für die Unternehmensführung als solche? Ich will hier keine praktischen Ratschläge geben, das tue ich im nächsten Kapitel, aber ich möchte noch einmal auf den Einwand zurückkommen, dass ein Unternehmer nicht moralisch sein darf, wenn er erfolgreich sein will. Hier habe ich eine klare Vorstellung:

In einem Unternehmen sind ökonomisches Handeln und moralische Verantwortung keine voneinander getrennten Ziele. Vielmehr ist ökonomisches Handeln, für das die Unternehmensführung die Verantwortung trägt, dem Prinzip der moralischen Verantwortung zu unterstellen. Die moralische Haltung muss im Grundsatz geprägt sein durch eine positive Einstellung zum Menschen, so wie schon im Mitbestimmungsurteil des Bundesverfassungsgerichts dargelegt.[7]

Als Leiter eines Unternehmens haben wir immer zu wählen zwischen Handlungsalternativen. Dabei müssen die uns übertragene und von uns übernommene Aufgabe und die Zielsetzung maßgeblich sein.

So gesehen ist Unternehmensführung als menschlicher Erkenntnisprozess eine ständige Abfolge von Versuch und Irrtum. Man kann die Verknüpfung von Unternehmensführung und Moral auf folgende Formel bringen:

| Moral ist | – es immer wieder zu versuchen, auch wenn es Schwierigkeiten gibt, das vorgegebene Ziel zu erreichen. |

Unternehmensführung ist   – möglichst wenig zu
                                        irren.

Daraus lassen sich Wertungen über Unternehmensführer herleiten. Gemessen wird dann nicht nur in
Einnahmen und Ausgaben, aber immer muss gelten,
dass die gesellschaftliche Veranstaltung Unternehmen
auf Dauer angelegt ist. Dazu braucht sie Gewinn, um
die Arbeitsplätze zu erhalten, ihre Investitionen zu finanzieren und den Aktionären/Gesellschaftern eine
angemessene Verzinsung ihres eingesetzten Kapitals
gewähren zu können.
Diese Position habe ich als Unternehmensführer oft
vorgetragen, vor Unternehmern, vor Betriebsräten,
vor Gewerkschaftern, vor Kunden. Heute nehme ich
keinen einzigen Punkt zurück. Auch im 88. Lebensjahr ist dies meine Botschaft. Ohne Fragezeichen.

Was uns Walther Rathenau heute zu sagen hat

Wenn ich mich mit Gründern von Start-ups unterhalte, kommt oft die Frage auf: »Wie führe ich ein Unternehmen?« Meine Erfahrung ist dann gefragt. Zum Thema Unternehmensführung fasse ich mich kurz und erzähle von einem Besuch des kalifornischen Chabot Space & Science Center, wo für die Führung von Space Shuttle Challenger folgende Vorgaben gelten:

1. Problem erkennen
2. Entscheidung treffen
3. Kommunizieren
4. In Teamarbeit lösen

Am Anfang meiner Gespräche mit Gründern geht es immer um die Geschäftsidee, die mir in farbigen PowerPoint-Präsentationen vorgestellt wird. Sie ist meist etwas vage, aber immer weit ausgreifend, manchmal auf Weltverbesserung angelegt. Ich verweise dann gern auf Steve Jobs, der meinte: »Menschen, die wissen, worüber sie reden, brauchen kein PowerPoint.« Das ist auch meine Überzeugung.

In den Gesprächen mit Gründern wird es dann interessant, wenn es um die operative Umsetzung geht. Gerne greife ich dabei auf Walther Rathenaus Schrift »Physiologie der Geschäfte« von 1901 zurück. Die Ratschläge, die Rathenau in diesem Essay gibt, haben mir immer eingeleuchtet, ich habe sie angewendet, und sie haben sich in der Praxis bewährt. Als Grundsatz stellt Rathenau am Anfang fest: *Bedürfnisse erkennen und Bedürfnisse schaffen ist das Geheimnis allen wirtschaftlichen Handelns.* Ich füge hinzu: und die Bedürfnisse zu befriedigen. Dann bin ich bei meiner Vorstellung, dass ein Unternehmen eine gesellschaftliche Veranstaltung ist (siehe das Kapitel »Unternehmensführung«).

Walther Rathenau macht in seinem Essay praktische Vorschläge, wie ein Unternehmer vorzugehen hat. Etwa zur Organisation: *Eine Organisation soll ihr Gebiet bedecken wie ein Spinnennetz: Von jedem Punkt soll eine gerade und gangbare Verbindung zur Mitte führen.* Und weiter: *Du sollst die Organe kennen und ständig beobachten, aber niemals das selbst verrichten, was diese Organe ausführen können. Denn die wichtigste Arbeit ist solche, die kein anderer vollbringen kann; und deren gibt es stets genug.* Das heißt nichts anderes, als sich auf das Wesentliche zu konzentrieren.

Weiter heißt es zur Organisation: *Eine Verwaltung sollte so beschaffen sein, dass jede Fußbreite des Gebiets von einer Verantwortlichkeit gedeckt ist. Besonders auch der Bezirk, den du selbst dir vorbehältst. Deshalb vermeide Geschäftsgeheimnisse – scharf betrachtet gibt es keine – und halte mindestens einen Mann, der alle deine internsten Dinge erfährt und kennt.*

Dieser »zweite Mann« hat in meinem Leben immer eine große Rolle gespielt. Ohne meinen Mitstreiter Klaus Kuhn, den früheren Thyssen-Vorstand, hätte ich die AEG-Sanierung nicht geschafft, und bei der Bahn war es Günther Saßmannshausen, der wesentlichen Anteil am Zustandekommen der Bahnreform hatte.

Zum Thema Mitarbeiter macht Rathenau eine ganz wesentliche Aussage: *Sei stets um das Wohl deiner Leute besorgt, nie um ihren Beifall.* Das fällt Gründern manchmal schwer, denn sie brauchen Beifall nötiger als andere.

Aber es gibt bei Rathenau auch Vorschläge, wie man mit Führungspersonal umgeht: *Hast du einen Menschen ungeeignet für seinen Posten gefunden, so setze ihn eher mit vollem Gehalt zur Ruhe, als dass du ihn in seiner Stellung behältst, denn er wird nicht nur dir und sich selbst, sondern auch unzähligen anderen schaden.* Diesem Ratschlag bin ich in meinem Leben nicht immer gefolgt. Leider. Obwohl ich es eigentlich hätte wissen müssen nach Gesprächen und nach grafologischem Gutachten, das ich immer für meine Führungskräfte eingeholt habe.

Wie beurteile ich die Mitarbeiter? *Wenn du Menschen beurteilst, so frage nicht nach den Wirkungen, sondern nach den Ursachen der Fehler, die sie machen.* Und Fehler werden immer gemacht.

Wie beurteilt man als Unternehmenschef seine eigene Tätigkeit? *Wenn zwei Drittel Teile aller deiner Entschlüsse richtig sind, so sei zufrieden. Versteife dich nicht darauf, alles richtig zu machen, sondern handele nach den Grundsätzen, an die du glaubst. Alle Wege führen nach Rom; Zickzackwege bestimmt nicht.*

Dann gibt Rathenau noch Ratschläge für den normalen Geschäftsverkehr. *Briefliche Verhandlungen führen in verwickelten Dingen nie zum Ziel. Das geschriebene Wort macht misstrauisch: Den Schreiber, weil es unwiderruflich verbindet, den Empfänger, weil es nüchtern berechnet und verklauselt klingt. Dazu kommt das unlösbare Problem alles Schreibens: so zu stilisieren, dass der Leser nicht anders lesen kann, als der Schreiber sprach.*

Ich habe immer das persönliche Gespräch gesucht. Probleme mit E-Mails zu lösen geht eigentlich nicht, besonders wenn es sich um schwierige Vorgänge handelt. Ich schicke einem Mitarbeiter eine Mail, in der ich meine Unzufriedenheit ausdrücke, er verwahrt sich dagegen (in Rot), ich bekräftige meine Meinung (in Blau), und so kann es endlos weitergehen. Besser ist doch, gleich zu reden.

Wenn es zur Sache ging, habe ich mich an den Satz gehalten: *Setze stets voraus, dein Gegner sei der Ge-*

scheitere. Das heißt auch: *Denke dich beständig an die Stelle deines Gegners und erwäge bei allem, was man dir sagt, die Interessen, die dahinterstecken. Denke nicht nur für dich, sondern auch für den anderen.*

Und dann noch ein Grundsatz, den ich bei allen meinen Aktivitäten beobachten konnte: *In letzter Instanz entscheidet die Ansicht, die die Menschen voneinander haben. Unangemessener Aufwand von Studien, Vorarbeiten und Mühwaltung sachkundiger Kräfte wird vergeudet – schließlich erkennen zwei Führer, dass die Sprechweise des einen dem anderen unsympathisch ist.*

Haben mir die Gründer von Start-ups zugehört? Nur bedingt. Meist waren sie selbst wortgewaltig und von ihrer Idee so überzeugt, dass Argumente nur bedingt zählten. Insbesondere die Ansage, dass die Einnahmen – zumindest mittelfristig – größer als die Ausgaben sein und vor allem vom Kunden kommen müssen, stieß oft auf ein gewisses Unverständnis, wirkte irgendwie zu nüchtern.

Manchmal frage ich mich, ob die erfolgreichen Start-ups, die sogenannten Einhörner (Unternehmenswert größer als eine Milliarde), im Sinne Rathenaus agiert haben? Ich glaube schon. Sie kennen Rathenaus Vorschläge sicher nicht. Aber insgesamt gilt für sie wohl der Satz von Fernando Pessoa: »Der Erfolg liegt im Erfolghaben, nicht in der Möglichkeit zum Erfolg.« Daran habe ich mich immer gehalten.

Ich schreibe einen Brief
an den Papst

Kann man sich als 87-Jähriger noch in die großen Themen, die unsere Welt bewegen, einbringen? Man sollte es tun. Man hat ja nichts mehr zu verlieren.

Ich lese die »Enzyklika Evangelii gaudium« von Papst Franziskus, die sich im Kapitel »Herausforderungen der Welt von heute« mit Wirtschaft beschäftigt. Dabei äußert er durchaus bedenkenswerte Gedanken zu einigen Themen wie zur Finanzwirtschaft, zu der Lage der Armen oder der Gier der Reichen. Aber dann beschreibt er eine vom technischen Fortschritt geprägte Welt, die von Ausschließung des Einzelnen und Disparität der Einkommen geprägt sei. Dazu müsse man Nein sagen, so wie das Gebot »Du sollst nicht töten« eine deutliche Grenze setze. Und dann heißt es weiter: »Diese Wirtschaft tötet.« Was heißt ein solcher Satz für mein Unternehmen, die Firma Dürr? Wir leben in dieser Wirtschaft, wir arbeiten in ihr und mit ihr. Wir sind 15.000 Mitarbeiter in aller Welt. Wir stellen Produkte her, die ökologisch ausgerichtet sind, und wir bezahlen unsere Mitarbeiter so, dass ein gewisser Lebensstandard gesichert ist.

Ethik würde gewöhnlich mit einer gewissen spöttischen Verachtung betrachtet, meint der Papst. Bei der Firma Dürr wird nicht viel über Ethik geredet, aber in Bezug auf fragwürdiges Handeln und Verhalten gilt das Prinzip »So etwas tut man nicht«. Ohne spöttischen Unterton. Dürr ist keine Insel der Seligen, doch man versucht, miteinander auszukommen, und wenn es einmal zu Meinungsverschiedenheiten kommt, diskutiert man, bis man eine Lösung findet, mit der alle leben können.

Ich behaupte, dass das die Praxis in den allermeisten Familienunternehmen ist. Diese Position habe ich in einem Artikel für die *Zeitschrift für Familienunternehmen und Stiftungen* vertreten. Der Artikel endet mit den Worten: *Wenn der Papst sagt, die Ethik verweist auf einen Gott, der eine verbindliche Antwort erwartet, die außerhalb der Kategorien des Marktes steht, erwidere ich ihm: Gott erwartet auch eine Antwort innerhalb der Kategorie des Marktes. Dann dürfte es auch keine falsch gelenkte »unsichtbare Hand« im Markt geben.*

Den Artikel habe ich mit folgendem Brief an den Papst geschickt:

Heiliger Vater,
mit großem Interesse habe ich Ihre Enzyklika Evan-
gelii gaudium gelesen. Mit vielem war ich einver-
standen, mit einigem nicht. Dazu habe ich einen
Artikel in der Zeitschrift für Familienunternehmen
und Stiftungen geschrieben. Ihre Meinung würde
mich naturgemäß interessieren.

Mit besten Grüßen
Ihr Heinz Dürr

Am 16. Juni erhielt ich vom Prälaten Peter B. Wells
folgende Antwort:

Sehr geehrter Herr Dr. Dürr,
gerne bestätige ich Ihnen den Erhalt Ihres werten
Schreibens vom 25. April, mit dem Sie Papst Fran-
ziskus persönliche Überlegungen zum Apostolischen
Schreiben Evangelii gaudium mitteilen.
Seine Heiligkeit hat sich über das Zeichen der Ver-
bundenheit sehr gefreut. Es ist ihm ein besonderes
Anliegen, die Lehre der Kirche und die bleibende Be-
deutung des Naturrechts den Menschen von heute
nahezubringen.
Von Herzen erbittet der Heilige Vater Ihnen und al-
len, denen Sie sich verbunden wissen, Gottes Schutz
und Segen für den weiteren Lebensweg.

Mit besten Wünschen und freundlichen Grüßen
der Prälat

Diese Antwort genügte mir nicht, und so schrieb ich dem Prälaten:

Sehr geehrter Herr Wells,
vielen Dank für Ihr Schreiben vom 16. Juni 2014
aus dem Vatikan. Sie bestätigen darin den Eingang
meines Briefes. Ich hätte allerdings eine Stellung-
nahme des Vatikans zu meinem Zeitungsartikel, in
dem ich doch einige Kritik geäußert habe, erwartet.
Insbesondere der Satz »Diese Wirtschaft tötet« hat
mich und viele andere sehr gestört. Insbesondere die,
die in einer sozialen Marktwirtschaft, wie wir sie in
Deutschland betreiben, leben.
Mein letzter Hinweis, dass Gott auch eine Antwort
innerhalb der Kategorien des Marktes erwartet, be-
dürfte ebenfalls eines Kommentars.
Ich würde mich freuen, wenn Sie zu meinen Punk-
ten, die mir nun mal am Herzen liegen, Stellung
nehmen würden. Ich nehme die Enzyklika von Papst
Franziskus sehr ernst.

Mit besten Grüßen
Ihr Heinz Dürr

Kurz darauf erhielt ich vom Prälaten Wells über die Apostolische Nuntiatur folgende Antwort:

Sehr geehrter Herr Dr. Dürr,
mit Ihrem werten Schreiben vom 30. Juni d. J. haben
Sie nochmals um Erläuterung einiger Aussagen des

Apostolischen Schreibens Evangelii gaudium gebeten und dabei auf einen von Ihnen verfassten Artikel Bezug genommen, den Sie Papst Franziskus bereits vor einigen Monaten zugesandt hatten.

Der von Ihnen zitierte Satz »Diese Wirtschaft tötet« (Evangelii gaudium Nr. 53) bezieht sich auf eine »Wirtschaft der Aussonderung« (spanisch: »economía de la exclusión«), die heute weltweit eine gewisse Vorrangstellung einnimmt. Es mag sein, dass im nationalem Bereich, in Staaten mit einer soliden finanziellen Eigenständigkeit, durchaus Systeme wie die soziale Marktwirtschaft funktionieren. In globalem Maßstab, vor allem in der südlichen Hemisphäre, ist die Situation aber dramatisch verschieden. Es scheint, dass in den letzten fünfzig Jahren im Zuge der Globalisierung ein Paradigmenwechsel stattgefunden hat: Hatten wir in den Jahren nach dem Zweiten Weltkrieg vorwiegend eine Wirtschaft, die sich bei der Erzeugung von Gütern an den Verbrauchern, also am Menschen, orientierte, so hat sich heute der Blick zunehmend von den Waren zu den Zahlen verschoben. Motiv des wirtschaftlichen Handelns wird immer vorrangiger die Kapitalvermehrung. Eine solche Wirtschaft läuft nicht mehr nach humanen Kategorien, sondern nach mathematischen. Deshalb können wir innerhalb dieser Kategorien immer weniger Gott antworten.

Aufgrund meiner vielfältigen Verpflichtungen kann ich nur in dieser kurzen, synthetischen Form auf Ihre Fragen eingehen. Sicher werden Sie im kirchlichen

Bereich in Deutschland geeignete Gesprächspartner
finden, mit denen Sie diese ethische Problematik, die
für die Zukunft der Menschheit so wichtig ist, weiter
vertiefen können.

Mit besten Segenswünschen für Sie und alle,
die Ihnen nahestehen, verbleibe ich
Prälat

Ich habe versucht, im kirchlichen Bereich in Deutschland geeignete Gesprächspartner zu finden. Über Ethik konnte man reden, aber eine Antwort auf meine Frage, was der Satz »Diese Wirtschaft tötet« denn bedeute, erhielt ich nicht. Manchmal kam noch der Hinweis, dass das in Argentinien, woher Papst Franziskus kommt, etwas anders sei.

Warum wurde dann solch ein verstörender Satz in die Welt gesetzt? Hat man im Vatikan noch nie den Satz »Wirtschaft ist unser Schicksal« von Walther Rathenau gehört?

Aber dann habe ich doch ein Freund gefunden, mit dem ich diese Fragen diskutieren konnte. Hilfreich war, dass dieser Mann in einem Gremium der katholischen Kirche sitzt, das den Papst in ökonomischen Fragen beraten soll. In einem Gespräch mit ihm wurde deutlich, dass die Kirche in einer fairen gesellschaftlichen Arbeitsteilung andere Aufgaben hat als Unternehmen, die mit knappen Ressourcen und unter Zeit- und Konkurrenzdruck Gewinne erwirtschaften müssen.

Das bedeutet jedoch nicht, dass Führungspersönlichkeiten der Wirtschaft sich nicht auch einem christlichen Menschenbild und humanistischen Werten verpflichtet fühlen und entsprechend handeln können. Gewiss kommt es immer wieder vor, dass Menschen verantwortungslos oder gar ungesetzlich handeln – auch in der Wirtschaft, aber keineswegs nur dort. So, wie man nicht von guten Beispielen auf das Ganze schließen kann, sollten auch schlechte Beispiele als das betrachtet werden, was sie sind: bedauerliche Einzelfälle.

Die große Mehrheit der Bürger moderner Gesellschaften erwartet heute nicht nur legales, sondern legitimes Handeln, das heißt die Erfüllung verschiedenster Erwartungen. Ökonomische Höchstleistungen allein reichen heute nicht mehr aus, die Mehrheit der Menschen von der Richtigkeit marktwirtschaftlicher Ordnungspolitik zu überzeugen. Kardinal Lehmann wird die Aussage zugeschrieben, dass man allein mit »Glaube, Hoffnung und Liebe« (1. Korinther 13:13) kein Unternehmen führen könne. Kluges unternehmerisches Handeln ist jedoch immer vom Glauben an die Fähigkeiten und die Integrität der Mitarbeitenden getragen, von der Hoffnung auf Erfolge bei der Innovation beflügelt und durch die Liebe zum eigenen Engagement geprägt. So kann das Unternehmen zu einer gesellschaftlichen Veranstaltung werden (siehe das Kapitel »Unternehmensführung«), in der der Gewinn eben kein Selbstzweck, sondern das konsolidierte Ergebnis des richtigen Einsatzes aller verfügbaren materiellen und immateriellen Mittel ist. Gewinne haben überdies hohen sozialethischen Wert, denn sie sind eine wesentliche Voraussetzung für prosperierende Gesellschaften. Man wünschte sich, dass kirchliche Verlautbarungen differenzierter auf die Wertigkeit unternehmerischen Handelns eingingen und das Ringen um prinzipienbasierenden Pragmatismus als das anerkennen, was es ist: innerhalb einer komplexen und dynamischen Umwelt in der eigenen Kernkompetenz das bestmögliche Ergebnis für die Menschen zu erarbeiten.

Ich hoffe, dass es meinem Freund gelingt, in der päpstlichen Diskussionsrunde diese Überlegungen einzubringen.

Kraniche

In meinem Unternehmerleben habe ich mich immer für das Thema Organisation interessiert. Im vorletzten Kapitel habe ich dazu einiges gesagt. Also wie werden Mitarbeiter dazu gebracht, die Unternehmensziele zu erreichen, wer gibt den Ton an, wer führt die Truppe an?

Deshalb interessiert mich naturgemäß die Frage: Wie organisieren Tausende von Kranichen ihren Flug vom hohen Norden, wo sie brüten, ins sonnige Spanien, wo sie überwintern? Sie schaffen das nicht in einem Sprung, sondern müssen eine Rast einlegen, bei der sie auch Nahrung aufnehmen und Energie für den Weiterflug tanken. Ich frage mich: Wie wird die Kranichtruppe auf einem so langen Flug geführt?

Um das zu verstehen, besuche ich einen solchen Rastplatz in der Nähe von Berlin, in Linum, Landkreis Ostprignitz-Ruppin. Ich treffe dort die Biologin Dr. Kristina Hühn, die im Kranichrastplatz-Management tätig ist. Eine Wissenschaftlerin, die sich für Artenvielfalt und Artenschutz in eindringlicher Weise einsetzt. Botho Strauß würde sie als »Durchdrungene« bezeichnen.

Sie erklärt mir zunächst, auch anhand von Fotografien und Modellen, viele Einzelheiten zu den Kranichen und zum Rastplatz. Bis zu 100.000 Kraniche rasten auf dem Kranichplatz Rhinluch. Auf abgeernteten Maisfeldern finden sie Nahrung. Bis zu zwei Wochen bleiben sie dort, bis sie weiterfliegen.

»Gibt es einen Führer, der den Weiterflug organisiert und anführt?«, frage ich. »Es ist ja ziemlich komplex, von Berlin in die Extremadura im Südwesten Spaniens zu kommen.«

»Es gibt nicht einen Führer für die ganze Strecke. Aber ein Kranich führt die Gruppe, wenn es vom Rastplatz losgeht. Wohin, das hat er von seinen Eltern gelernt. Er wird nach einiger Zeit müde, dann übernimmt ein anderer, und der bisherige Führer lässt sich in dem Flug, der bis zu hundert Vögel umfassen kann, zurückfallen.«

»Also wie ein Vorstandsvorsitzender, der sich an die Spitze eines Unternehmens gesetzt hat und nach einiger Zeit alles weiß und müde wird und dann von einem Nachfolger verdrängt wird?«

»Nein, Konkurrenz an der Spitze gibt es nicht. Es übernimmt einfach ein anderer.«

»Sind Kraniche intelligent?«, frage ich.

»Ich glaube schon, aber nicht so, dass einer intelligenter ist als andere. Kraniche sind sehr lernfähig. Sie kommunizieren in der Gruppe. Wenn zum Beispiel eine Gruppe eine andere, die auf einem Maisfeld nach Nahrung sucht, überfliegt, dann gurren sie, stoßen einen ganz bestimmten Laut aus, so als würden sie die Artgenossen auf dem Maisfeld fragen, und wenn die dann zurückgurren, gehen sie dort nieder. Wenn nichts von der Gruppe auf dem Maisfeld kommt, fliegen sie weiter.«

Wir sind an dem Rastplatz angekommen, halten in einem gewissen Abstand. Frau Dr. Hühn bedeutet mir, ruhig zu sein, und meint dann: »Kraniche sind auch sehr vorsichtig, was ihre Umgebung angeht. Wenn eine Gruppe Nahrung sammelt, steht immer ein Kranich aufrecht und mustert die Umgebung. Die anderen haben die Köpfe gesenkt, sie suchen ja.«
»Es gibt also einen Kranich, der aufpasst?«
»Ja, das ist der Wachkranich. Wie gesagt, Kraniche sind lernfähig. Eigentlich erschrecken sie vor einem lauten Knall. Die örtlichen Landwirte setzen Knallgaskanonen ein, die in unregelmäßigen Zeitabständen knallen, um die Kraniche aufzuschrecken, denn die Besucher des Rastplatzes wollen ja die auffliegenden Vögel sehen. Anfangs fliegen die Kraniche auf. Wenn dann aber nichts passiert, bleiben sie nach einiger Zeit ruhig sitzen und suchen weiter Nahrung, egal wie oft es knallt.«
»Fürchten Kraniche Menschen?«, frage ich.
»Sie fürchten alle Veränderungen in ihrer Umgebung. Wie schon gesagt, sie sind sehr vorsichtig. Wir

haben ja viele Touristen hier in Linum, bis zu 30.000 im Jahr, die die Kraniche beobachten wollen. Wenn die dann an der am Rastplatz vorbeiführenden Straße parken und aussteigen, um die Vögel zu beobachten, und die merken, dass sich da etwas bewegt, fühlen sie sich gestört und fliegen weg.«

Dann frage ich noch: »Wo schlafen die Kraniche eigentlich? Bleiben sie zusammen?«

Frau Dr. Hühn zeigt Bilder vom Schlafplatz. Tausende von Kranichen sind zu erkennen. Sie stehen im 30 Zentimeter tiefen Wasser, viele auf einem Bein. »Die Besichtigung des Schlafplatzes ist verboten, denn wenn man die Kraniche aufschreckt, dann könnte es sein, dass sie nie wiederkommen. Das Wasser ist übrigens so etwas wie eine natürliche Alarmanlage für die Kraniche.«

Dann will ich noch wissen, ob die Klimaveränderung irgendeinen Einfluss auf das Verhalten der Kraniche hat.

Frau Dr. Hühn meint: »Der Kranich profitiert eigentlich vom Klimawechsel. Dass es überall Vermaisung der Landschaft gibt, hängt auch damit zusammen, dass über Biogasanlagen erneuerbare Energie hergestellt wird. In und um Linum ist der angebaute Mais die hauptsächliche Nahrung der Tiere.«

In Gedanken bleibe ich bei meinem Thema, dem langen Flug der Vögel vom Norden nach Spanien. Die Kraniche haben sich gut organisiert, man kann, glaube ich, von einer Art Schwarmintelligenz sprechen. Es gibt also nicht einen Führer, es gibt ein Konzept, an dem alle beteiligt sind.

Auch der Vorstandsvorsitzende von Daimler hat einmal gesagt, man müsse die Organisation eines Großkonzerns mehr auf Schwarmintelligenz ausrichten. Was meint er damit? Sehr wahrscheinlich nicht eine Organisation von oben, wo der Chef sagt, wo es lang geht, sondern wo die ganze Mannschaft sich bemüht, die Unternehmensziele zu erreichen.

Die Kraniche in Linum haben das bestätigt.

Medien

Ich lese täglich vier Zeitungen – *FAZ, Handelsblatt, Tagesspiegel, NZZ* –, am Wochenende auch den *Spiegel.* Alles auf Papier. Es gibt Themen, die mich allgemein interessieren, wie Politik, Literatur, Theater und vor allem Wirtschaft.

Es gibt aber auch Themen, bei denen ich Insiderwissen habe. Zum Beispiel über die Bahn, den Maschinenbau oder die Autoindustrie. Da fällt mir auf, dass die Berichterstattung irgendwie schlampiger geworden ist, teilweise sogar mit falschen Fakten bei Umsatz- oder Ergebniszahlen oder Akteuren. Ich frage mich, haben die Journalisten weniger Zeit für Recherche? Oder schreiben sie nur von anderen ab? Hat sich die Grundeinstellung geändert? Der Medienprofessor Norbert Bolz meint: »In Deutschland gibt es die klassische angelsächsische Trennung zwischen Information und Meinung nicht mehr.« Das geht meines Erachtens zu weit, denn immerhin gibt es weiterhin die Meinungsseite. Aber eben mit den Fakten nehmen es manche Journalisten nicht mehr so genau. Manche erfinden auch nur, wie der Fall des *Spiegel*-Fälschers Claas Relotius zeigt. Er erzählt Märchen, die ja von Haus aus immer ein gutes Ende haben und so dem Leser ein gutes Gefühl geben. Dass der *Spiegel* das erst hinterher gemerkt hat, finde ich erstaunlich.

In meinem Unternehmerleben hatte ich viel mit Journalisten zu tun. Schon früh in meiner Zeit bei der Firma Dürr habe ich den Kontakt mit der Presse gesucht. Ich wollte ja den Weltmarktführer Dürr »verkaufen«. Richtig spannend wurde es, als ich Arbeitgebervorsitzender wurde. Der Verband VMI musste in den Medien präsent sein. Ich kümmerte mich um die laufende Öffentlichkeitsarbeit und stand immer für ein Interview zur Verfügung. Da musste ich viel lernen. Ein Fernsehredakteur der *SWR-Landesschau* riet mir einmal: »Wenn Sie von einem von uns interviewt werden, fragen Sie nicht, was der Reporter will. Fragen Sie ihn nur, ob Sie 45, 90 oder 120 Sekunden Zeit für Ihre Antwort haben. Und dann reden Sie in diesem Zeitfenster los, ganz egal, was er fragt.« Der Mann meinte es gut mit mir, er gab mir auch den Ratschlag, Fakten mit einfachen Beispielen zu unterlegen. Das machte ich beim Tarifkonflikt 1978, als es um kollektive Lohnsteigerung ging. Am Beispiel eines unserer Kleinbetriebe konnte ich Undurchführbarkeit der IG-Metall-Forderung darstellen und damit die Presse für unsere Position gewinnen (siehe das Kapitel »Tarifpolitik«).

Ich bemühte mich immer um ein gutes Verhältnis zu Journalisten, denn ich hatte schnell begriffen, wie wichtig sie für meine Arbeit waren. Das betraf naturgemäß die schwierige AEG-Zeit, aber auch die Bahn. Den meisten Journalisten vertraute ich und sagte deshalb auch manchmal etwas, das ich besser für mich behalten hätte. So zum Beispiel, als ich bei der Bahn von 100 000 wegfallenden Arbeitsplätzen redete, die Presse diese Zahl verwendete und jeder der 300 000 Mitarbeiter sich danach fragte: Bin ich da auch gemeint? Aber an eines habe ich mich immer gehalten: »Nur wer das Negative anspricht, macht sich im Positiven glaubwürdig. Wenn man bei der Unwahrheit ertappt wird, bricht dagegen für lange Zeit jegliche Kommunikation zusammen.« Die *Süddeutsche Zeitung* nannte das eine »psychologische Milchmädchenrechnung«, was ich gut nachvollziehen konnte.

Oft redete ich mit Journalisten »unter drei«, was bedeutete, dass meine Aussage nur als Hintergrundinformation, aber ohne Zitat und ohne Nennung des Urhebers verwendet werden durfte. So war und ist es gemäß § 16 der Satzung der Bundespressekonferenz festgelegt.

Im Übrigen heißt »unter eins«, dass die Information unter direkter Nennung des Urhebers wörtlich wiedergegeben werden darf. »Unter zwei« bedeutet: Die Informationen und das Umfeld der Quelle dürfen zwar wiedergegeben, aber nicht direkt zitiert werden. Meine Erfahrung war, dass sich die meisten Journalisten an diese informelle Sprachregelung halten, denn eine Nichtbeachtung kann den Journalisten in Zukunft von wertvollen Informationen abschneiden. Außerdem gilt er dann in der gesamten Branche als nicht mehr vertrauenswürdig.

Um den Journalisten die Arbeit zu erleichtern, ließ ich gut vorbereitete Waschzettel verteilen. Ich lernte auch, wie man Journalisten beeinflusst. In meiner ganz schlimmen AEG-Zeit, in der wirklich nur schlechte, ja bösartige Meldungen über den Konzern und mich in den Zeitungen standen, engagierte ich einen Medienmanager, den ich gut bezahlte und der es irgendwie fertigbrachte, dass wir zumindest aus den Schlagzeilen der Boulevardpresse verschwanden.

Heute finden Informationen in den Medien meist elektronisch statt. Alle Zeitungen haben Online-Dienste, über die man jederzeit und überall die Meldungen abgreifen kann. Wenn ich *Spiegel Online* lese, dann ärgert es mich, dass da oft ganz persönliche Kommentare mitveröffentlicht werden. Wenn ich die Liste der Meldungen durchscrolle, dann klicke ich einfach das Wort »mehr« nicht an. Das heißt, mir genügen dann schon Überschriften und der Anfang des Artikels.

Mit den sozialen Medien beschäftige ich mich nicht. Dort finde ich keine Meldungen, die ich nicht schon aus der Tagespresse oder den TV-Nachrichten erfahren habe. Aber ich weiß, dass Facebook mir sagt, wer ich bin, Amazon, was ich will, und Google, was ich denke. Alles Ansagen, die ich nicht brauche.

Und dann gibt es noch Instagram, YouTube, Snapchat, TikTok und wie diese Dienste alle heißen. Ich lasse mir von meinem Assistenten, einem 25-jährigen »digital native«, erklären, worum es sich da handelt. Aber das alles ist nichts für mich, ich bin ja ein alter Mann. Vielleicht versäume ich etwas, und »Follower« habe ich auch keine. Auf sogenannte »Influencer«, also Personen, die eine starke Präsenz und hohes Ansehen haben und die mir in sozialen Netzwerken etwas anbieten, falle ich nicht herein. Denen geht es ja nur ums Geldverdienen.

Ich brauche das alles nicht. Wenn ich so etwas zu meinen Enkeln sage, lächeln sie mitleidig über ihren Großvater. Und so muss ich eben mit mir selbst klarkommen. Ich »simse« und freue mich über ihre Antworten.

Digitale Welt

Das Internet hat unsere Welt verändert. Aber auch das Internet hat sich verändert. »Über 30 Jahre hinweg war das Netz zumeist eine wunderbare Kraft für das Gute, aber zuletzt haben wir erlebt, dass mehr und mehr Unheil angerichtet wird«, sagt Tim Berners-Lee, der Vater des Internets, der vor drei Jahrzehnten mit seiner Arbeit wesentliche Grundlagen für das moderne Datennetz geschaffen hat. Heute würde das Internet für die Verbreitung von Hass und Falschinformationen missbraucht werden. Menschen würden im Netz schikaniert und betrogen, die Demokratie wird untergraben. Einer der berühmtesten Whistleblower unserer Zeit, Edward Snowden, meint: »Für einen kurzen, wunderschönen Zeitraum wurde das Internet vorwiegend von Menschen für Menschen gemacht. Sein Zweck war es nicht, Macht zu erlangen, zu festigen und Geld zu verdienen, sondern aufzuklären und die Menschen einander näher zu bringen.«
Auch der amerikanische Ingenieur Leonard Kleinrock, einer der Miterfinder des Internets, zeigt sich

enttäuscht über die Entwicklung seiner Erfindung. An soziale Netzwerke hätte man damals nicht gedacht, sondern an Menschen, die mit Computern sprechen, oder Computer, die mit Computern sprechen – aber nicht an Menschen, die mit Menschen sprechen. Als Ingenieur hätte man eben nicht an das »böse Verhalten« gedacht, zu dem Menschen fähig sein können.

Dies sieht man in den sogenannten sozialen Medien. Professor Cass Sunstein von der Harvard University formuliert es wie folgt: »Die sozialen Medien polarisieren Gesellschaften. Soziale Medien spalten. Die sozialen Medien sind tatsächlich asoziale Medien. Die Spaltung ist ihr Kern, denn die Polarisierung bindet ihr Publikum, und diese Bindung lässt sich verwerten, in Geld umsetzen.«

Ich höre einen Vortrag von Professor Manfred Spitzer, Uniklinik Ulm, zum Thema »Was bedeutet zu viel Benutzung von Smartphone und Laptop?«.

Er meint, das könne eine Sucht ohne Stoff werden. Es gäbe Untersuchungen, in denen auf MRT-Aufnahmen bei zu viel Facebook-Beschäftigung eine ähnliche Veränderung wie beim Genuss von Kokain beobachtet werden könne. Er behauptet sogar, Facebook mache depressiv, spricht von einem Morbus Google. In einer PISA-Studie sei festgestellt worden, dass die Qualifikation, ja der IQ einer ganzen Generation, bei gesteigertem Umgang mit Smartphones und Laptops zurückgehe.

Ich fühle mich bestätigt, denn auch ich bin in gewissem Maße süchtig: Ständig verfolge ich auf Handy oder PC den Kurs der Dürr-Aktie.

Heute wird Nachdenken durch »Klick« ersetzt. Politik wird mittels Tweets gemacht. Präsident Trump macht seine Politik über Twitter, also mit 280 Zeichen. Gut, es gibt immer noch Gesetze, die vom Kongress beschlossen werden müssen, und Dekrete des Präsidenten, aber mit den Tweets wird doch die Richtung vorgegeben. Ob da 280 Zeichen reichen?

2017 wurde die Präsidentschaftswahl in den USA mittels Internet, also digital gewonnen. Wie das geht? Ganz einfach: Facebook stellt der Firma Cambridge Analytica, einem Datenanalyse-Unternehmen, 5000 von Facebook gesammelte Datenpunkte zu jedem Amerikaner zur Verfügung. Damit ist man in der Lage, jede Persönlichkeit genau zu analysieren und diese per »Mikrotargeting«, das heißt mit genau auf sie zugeschnittenen Videoinhalten, im gewünschten Sinne zu beeinflussen. Dabei musste man sich nur noch auf die »Überzeugbaren« aus den »Swing States« konzentrieren und sie mit schlimmen Botschaften über Hillary Clinton beeinflussen. Dies dürfte Donald Trump zu seinem äußerst knappen Wahlsieg verholfen haben.

Und der Höhepunkt dessen, was im Internet passiert, wird überdeutlich bei dem Attentäter von Halle, der zwei Menschen erschossen und mehrere schwer verletzt hat. Seinen Mordanschlag hat er ins Internet gestellt, im Livestream haben bereits fünf Menschen zugeschaut. Eine gewisse Internetgemeinde ist dem Attentäter bei seinen Taten gefolgt und hat direkt Kommentare dazu abgegeben. Auch ein Manifest, das widerlicher nicht sein könnte, wurde ins Internet gestellt und damit öffentlich gemacht.

Dass das Internet auch viele für den Menschen hilfreiche Dinge liefert – Informationen fürs tägliche Leben, Wegbeschreibungen, Wissensverbreitung, Kaufmöglichkeiten und so weiter –, weiß ich natürlich. Ebenso, dass das Internet für den Geschäftsverkehr unerlässlich ist. Alles wird digitalisiert. Auch die Firma Dürr nennt sich »Digital@DÜRR«. Beim Thema Klimawandel wird die Digitalisierung ebenfalls eine große Rolle spielen.

Noch ein Wort zur Künstlichen Intelligenz (KI). KI ist für mich, wenn Computer lernen zu lernen. So haben Experten einen Computer die Art und Weise, wie Beethoven komponierte, lernen lassen und daraus einen Algorithmus entwickelt, der die 10. Sinfonie, für die es von Beethoven nur handgeschriebene Entwürfe gab, vollendet. Die Uraufführung sollte im April 2020 stattfinden.

Computer lernen Gutes und Böses, so wie es die Gesellschaft eben bietet. In der Forschung wird an KI-Systemen gearbeitet, die sich neugierig selbst Ziele setzen und dadurch immer bessere Problemlöser werden. Der lernende Computer, die KI, macht auch Vorschläge, die wir als Menschen nicht verstehen und bei denen die Folgen unklar sind. Etwa beim autonomen Autofahren: Steht zu befürchten, dass man Kinder oder Alte überfährt? Was machen wir dann? Sagt jemand Stopp? Und wer ist das? Die Politik? Die Netzgemeinde? Interessant in diesem Zusammenhang ist, dass selbst Google-Chef Sundar Pichai in Davos erklärt hat: »Wir müssen Künstliche Intelligenz regulieren.« Er fordert die Staaten der Welt auf, seinem Unternehmen strenge Vorgaben zu machen. Dass also jemand Stopp sagt.

Für eine Digitalkonferenz habe ich einmal Goethes Ballade vom Zauberlehrling umgeschrieben. Erstaunlicherweise musste ich wenig ändern:

Hat der Mensch als Lebensmeister
Sich mit Kapital mal wegbegeben!
Jetzt nun sollen seine Geister
Und Computer auch nach meinem Willen leben.
Seine Bytes und alle Werke
Merkt ich und den Brauch,
Und mit KI-Geistesstärke
Tu ich Wunder auch.

Anstelle von »Walle, walle« heißt es dann:

Sende! Sende!
Manche Strecke,
Dass zum Zwecke
Infos fließen

Und mit reichem, vollem Schwalle
Zur Totalmacht sich ergießen.

Wenn dann die Algorithmen alles überfluten, ruft der Zauberlehrling:

Stopp! Stopp!
Denn wir haben
Deiner Gaben
Vollgemessen!
Ach, ich merk es! Wehe! Wehe!
Hab das Passwort doch vergessen.

O du Ausgeburt der Hölle!
Soll der ganze Mensch verschwinden?
Sehe ich auf jeden Schirm,
Nur Bytes kann ich da finden.
Ein verrückter Kasten,
Der nicht reagieren will
Und nur noch hasten,
Geh doch schnell auf out und still!

Aber es hilft nichts:

Und sie feuern! Bytes und Bytes
Und noch mehr Bytes,
Und überall ist Internet,
In jedem Dorf, in jedem Haus, in jedem Bett,
Welch entsetzliches Gemenge!
Herr und Meister! hör mich rufen! –

Ach, da kommt der Meister!
Herr, die Not ist groß!
Die ich rief, die Geister,
Werd ich nun nicht los.

Der Meister aber macht kurzen Prozess:

In die Ecke,
KI-Wesen! KI-Wesen!
Seids gewesen!
Denn als KI-Götter
Ruft euch nur, zu diesem Zwecke,
Die Vernunft als Menschenretter.

Hoffentlich zieht Vernunft jetzt in die Welt der Digitalisierung ein. Könnte ja sein, wenn selbst der Google-Chef nach Regulierung ruft. Vielleicht erinnert er sich an den früheren Leitspruch seines Unternehmens: *Don't be evil.*

Wie verhalte ich mich selbst in dieser digitalisierten Welt? Abschalten geht ja nicht. Sonst bin ich selbst abgeschaltet. Und von der Welt isoliert. Allerdings habe ich mich entschieden, um die sozialen Medien einen Bogen zu machen. Ich verzichte bewusst auf Follower. Aber ich werde die Künstliche Intelligenz nutzen, wenn sie mir hilft, meine Probleme zu lösen.

Hätte Goethe getwittert?

Twitter ist ein Mikroblogging-Dienst, über dessen Kanäle man mit 280 Zeichen alles und jedes sagen kann, und zwar allen, die einem folgen, also den Followern. Ich bin niemandes Follower, aber ich bin dennoch informiert, was US-Präsident Trump sagt, er twittert ja. Eigentlich erwarte ich, die Absichten und Meinungen eines Präsidenten der Vereinigten Staaten von Amerika in wohlgesetzter Form aus den Medien zu erfahren. Die Botschaften von Trumps Vorgängern hatten gemeinsam, dass sie sorgfältig formuliert waren und sich sorgsam ausgewählten Themen widmeten.

Da der Präsident allerdings, außer mit dem Fernsehsender Fox, kaum mit jemandem von den seriösen Medien spricht, bin ich auf seine Tweets angewiesen. Er selbst meint dazu: *Würde die Presse mich in akkurater und ehrenhafter Weise begleiten, hätte ich weniger Grund zu tweeten. Traurigerweise weiß ich nicht, ob das jemals passieren wird.* Da wird er hoffentlich noch lange warten.

Unsere Welt ist VUCA geworden. Das ist die Abkürzung für Volatility, Uncertainty, Complexity and Ambiguity *(volatil: ungewiss, komplex, mehrdeutig)*. Diese Welt will man mit 280 Zeichen erklären? Präsident Trump kann das. Zum Klimawandel tweetete er: *The concept of global warming was created by and for the Chinese in order to make US Manufacturing non-competitive. (Das Konzept der globalen Erwärmung wurde von den Chinesen erfunden, um die US-Industrie konkurrenzunfähig zu machen.)*
Kurz darauf tweetete er: *It's freezing and snowing in New York – we need global warming! (Es ist eiskalt und es schneit in New York – wir brauchen die globale Erwärmung!)* So einen Unsinn lassen über 80 Millionen Follower über sich ergehen. Oder will Trump nur die Umweltaktivisten lächerlich machen? So viel Ironie traue ich ihm eigentlich gar nicht zu. Oder verwechselt er Klima und Wetter?

Selbst dem Chef von Twitter, Jack Dorsey, ist das alles nicht geheuer, wenn er sagt: »Wir haben eine Verantwortung dafür, dass unsere Nutzer die Wahrheit erfahren. Das aber ist kompliziert.«
Das stimmt. Also suche ich Hilfe bei Altmeister Johann Wolfgang von Goethe. Goethe hat naturgemäß das Internet nicht gekannt, aber sehr wohl schwante ihm, dass mit der Industrialisierung auch die »Fazilitäten der Kommunikation« erheblich ausgeweitet würden. Er bezog sich dabei auf die Entwicklung der Printmedien seiner Zeit. Im November

1825 schrieb er an seinen Großneffen, den preußischen Staatsbeamten Nicolovius:

Für das größte Unheil unserer Zeit, die nichts reif werden lässt, muss ich halten, dass man im nächsten Augenblick den vorhergehenden verspeist, den Tag im Tage vertut, und so immer aus der Hand in den Mund lebt, ohne irgendetwas vor sich zu bringen. Haben wir doch schon Blätter für sämtliche Tageszeiten, ein guter Kopf könnte wohl noch eins und das andere interpolieren.

Den guten Kopf gibt es heute. Die totale Interpolation ist erreicht mit dem permanenten 24-Stunden-Nachrichtenstrom unserer Tage.

Goethe hatte auch hierzu eine Meinung:

Dadurch wird alles, was ein jeder tut, treibt, dichtet, ja was er vorhat, ins Öffentliche geschleppt. Niemand darf sich freuen oder leiden als zum Zeitvertreib der übrigen; und so springt's von Haus zu Haus, von Reich zu Reich und zuletzt von Weltteil zu Weltteil, alles velozistisch.

(Bei dieser Wortschöpfung wird »velocitas«, Geschwindigkeit, mit »luziferisch«, teuflisch, verknüpft.)

Facebook, Instagram, WhatsApp, TikTok und wie die Schlepperorganisationen alle heißen lassen grüßen. Die Folgen der Beschleunigung – vor allem im Kommunikations-, Nachrichten- und Verkehrswesen – beunruhigten Goethe sehr. Im Juni 1825 schrieb er an seinen Freund Zelter:

Junge Leute werden viel zu früh aufgeregt und dann im Zeitstrudel fortgerissen; Reichtum und Schnelligkeit ist, was die Welt bewundert und wonach jeder strebt; Eisenbahnen, Schnellposten, Dampfschiffe und alle möglichen Fazilitäten der Kommunikation sind es, worauf die gebildete Welt ausgeht, sich zu überbieten, zu überbilden und dadurch in der Mittelmäßigkeit zu verharren.

Am Ende des Briefes meint er resignierend:
Wir werden, mit vielleicht noch wenigen, die Letzten sein einer Epoche, die sobald nicht wiederkehrt.

Goethe nahm in der Beschleunigung aller möglichen »Fazilitäten der Kommunikation« die Verwandlung der Welt und die Entstehung einer neuen Wirklichkeit wahr. So heißt es 1827 in seinem Gedichtzyklus »Chinesisch-Deutsche Jahres- und Tageszeiten«:

Mich ängstigt das Verfängliche
Im widrigen Geschwätz,
Wo nichts verharret, alles flieht,
Wo schon verschwunden, was man sieht;
Und mich umfängt das bängliche,
Das graugestrickte Netz.

Gerade also Sprache und Kommunikationsformen, so Goethes kritischer Befund, werden in der Epoche der Beschleunigung und Mobilisierung den allgemeinen Transformationsprozess prägen.

Bei seinem Berliner Freund Zelter beklagt sich Goethe im Brief vom 24. August 1823 über den »seichten Dilettantismus der Zeit« und über eine Atmosphäre der »Halbkenntnisse«, »wo eine hohle Phrasensprache, die man sich gebildet, so süßlich klingt, ein Maximengewand, das man sich auf den kümmerlichen Leib geschnitten hat, so nobel kleidet, wo man, täglich von der Auszehrung genagt, an Unsicherheit kränkelt, um nur zu leben und fortzuwebeln, sich aufs schmählichste selbst belügen muss.«

Aber Goethe sieht in der Beschleunigung der Kommunikation noch eine andere Gefahr: Zuwachs an Kenntnis ist Zuwachs an Unruhe. Das Glück der Gegenwart wird geopfert zugunsten einer gigantischen Zunahme an informativer Unruhe.

Goethes Strategie zur Sicherung des Glücks, quasi als Notwehr gegen jede Überinformation, beschreibt er wiederum in einem Brief an Freund Zelter so:

Schon seit drei Monaten les ich keine Zeitungen, und da haben alle Freunde bei mir das schönste Spiel. Ich erfahre den Ausgang, den Abschluss, ohne mich über die mittleren Zweifel zu beunruhigen.

Für uns könnte das heißen: nicht alle fünf bis zehn Minuten im Computer nachschauen, was es Neues gibt. Die *Tagesschau*, die Morgenzeitung und mit der Familie, mit Freunden und anderen Menschen genügen.

Zurück zu Goethes Gedicht aus dem Jahre 1827. Da fällt das Wort vom »Netz«, dem allumfassenden Begriff, der heute im Zentrum des digitalen Informationszeitalters steht. Und ich frage mich: Hat Goethe das Netz antizipiert, das ihn bänglich umfängt ohne Aussicht auf Entkommen? Ich wage den Schluss: Es könnte so sein. Aber man könnte auch zugespitzt fragen: Hat einer der Erfinder des Internets Goethe gelesen?

Was würde Goethe zu Twitter sagen, frage ich mich, dem Grundkonstrukt (manche nennen es Technologie) der totalen Verkürzung, der totalen Beschleunigung eines (oder mehrerer?) Gedanken, gehämmert in 140 Zeichen? Wobei diese Zahl anscheinend willkürlich festgelegt wurde. 2016 gab es eine Erweiterung auf 280 Zeichen. Werden die Gedanken dann klarer?

Warum twittert man? Einmal, um Informationen zu erhalten, und zum Zweiten, um selbst Einfluss auszuüben. Bekomme ich Informationen über Twitter? Ist es nicht besser, sich bei Google zu informieren oder online zu gehen? Zeitungen lesen geht auch, ist aber altmodisch.

Viele Menschen veröffentlichen Tweets, um »geliked« oder retweetet zu werden. Ist das der Fall, genießen sie einen Schub des Glückshormons Dopamin. Man retweetet, um seine eigenen Überzeugungen zu bestätigen. Am effektivsten ist ein Tweet, dessen Aussage ohnehin schon von der Mehrheit vertreten wird. Macht Twittern abhängig oder gar süchtig? Könnte sein, Dopaminschübe tun einfach gut.

Zum Schluss noch einmal Goethe, der fragt: »Was ist erquicklicher als Licht?« Seine Antwort: »Das Gespräch.«

Und dennoch: Ich glaube schon, dass Goethe getwittert hätte, denn er war sehr mitteilsam, besonders in seinen alten Tagen. Und 140 Zeichen hätten ihm genügt, auch zu schwierigen Themen seine Meinung zu sagen.

Wenn ich ihn gefragt hätte, wie das mit dem Altwerden ist, hätten ihm sogar 65 Zeichen genügt: »Das Altern ist ein stufenweises Zurücktreten aus der Erscheinung.« (Aus: Johann Wolfgang von Goethe, Aphorismen)

Klimawandel und Energiewende

Der Klimawandel ist die große Herausforderung für die Menschheit. Die Erde erwärmt sich, das Eis schmilzt, der Meeresspiegel steigt, es gibt Dürrezeiten, die Vegetation leidet. Der Winter 2020 ist der zweitwärmste seit Beginn der Wetteraufzeichnungen im Jahre 1881.
Grund für die Erwärmung der Erde ist ein steigender Kohlendioxidgehalt in der Atmosphäre. Wenn die Staatengemeinschaft die Zunahme der Erderwärmung auf zwei Grad Celsius begrenzen will, muss das CO_2 reduziert werden.

Um dieses Ziel zu erreichen, hat Deutschland die Energiewende erfunden. Sie beruht auf zwei Säulen:

1. Ersatz von fossiler und Kernenergie durch erneuerbare Energiequellen, also Sonne und Wind
2. Erhöhung der Energieeffizienz, also Senkung des Verbrauchs von Energie

Beide Faktoren verringern den Ausstoß von Kohlendioxid.

Bisher ist die Energiewende – manche sprechen auch von einer »deutschen Energiewende« – kein voller Erfolg. Die Politik setzt zu sehr auf den Ausbau der erneuerbaren Energien. Bis heute wurden mehrere Hundert Milliarden Steuergelder in dieses Projekt investiert. Dies hat dazu geführt, dass die Stromkosten, insbesondere für den Normalverbraucher, erheblich gestiegen sind. Außerdem ist die Reduzierung von Kohlendioxid nicht im geplanten Maße erreicht worden. Sonne und Wind sind nun mal volatil, und das Thema Speicherung, das hier wesentlich wäre, wurde zu wenig vorangetrieben. Genauso wenig wie das Verteilnetz von Nord nach Süd ausgebaut wurde. Dies ist jedoch unbedingt erforderlich, da der Wind an der Nord- und Ostsee nun mal stärker bläst als im Binnenland. Der Ausbau stößt immer wieder auf Bürgerbedenken. Genauso wie die Aufstellung von Windrädern, die jeder gut findet, aber nicht in seiner Umgebung.

Wie steht es mit der Steigerung der Energieeffizienz? Sie sei »der schlafende Riese«, meint der frühere Bundeswirtschaftsminister Sigmar Gabriel. Möglichkeiten der Energieeffizienz gibt es bei Gebäuden, im Verkehr und in der Produktion. Um Letzteres voranzutreiben, habe ich im Jahr 2012 mit unserer Stiftung und der Karl Schlecht Stiftung ein Institut für Energieeffizienz in der Produktion (EEP) gegründet. Das

Institut ist an die Universität Stuttgart angeschlossen und arbeitet eng mit dem Fraunhofer-Institut IPA zusammen. Hier ist einiges zu holen, denn immerhin werden über 30 Prozent des Energieverbrauchs in der Produktion eingesetzt.

Warum sind wir bei der Energieeffizienz nicht erfolgreich? Es ist eben so, dass große Fotovoltaik- und Windanlagen publikumswirksamer sind als Einzelmaßnahmen zur Energieeffizienz. Bei Großanlagen darf der Politiker das rote Band zur Eröffnung durchschneiden, bei einer einfachen energieeffizienteren Maschine entfällt das. Außerdem fehlen finanzielle Anreize zur Energieeffizienz. In einer Fachdiskussion schlug ich einmal vor, für Energieeffizienzanlagen die degressive Abschreibung anzusetzen. Dies, so führte ich aus, würde den Finanzminister am Ende ja kein Geld kosten, er würde es eben nur später bekommen, was bei dem derzeitigen Zinssatz allerdings überhaupt kein Problem sei. Darauf antwortete mir der zuständige Abteilungsleiter aus dem Finanzministerium: »So rechnen wir im Ministerium nicht.«
Wie das Thema in der Politik gesehen wird, erlebte ich auch auf einer Tagung mit Bundeswirtschaftsminister Altmaier, bei der es um die Energiewende ging. Der Minister sprach über eine halbe Stunde lang zu dem Thema, ohne das Wort »Energieeffizienz« ein einziges Mal in den Mund zu nehmen. In der Diskussion wies ich darauf hin, dass er mir doch vor einigen Jahren die beiden Säulen der Energiewende erklärt

habe und ich danach sogar ein Institut, das EEP, gegründet hätte. Auf meine Frage, warum bei seinem
Vortrag heute nicht die Rede davon war, kam nur
eine nichtssagende Antwort.

Dabei gibt es auch positive Beispiele. Die von Dürr gebauten Lackieranlagen für Karosserien verbrauchen
viel Energie. Durch entsprechende technische Maßnahmen ist es jedoch gelungen, den Energieverbrauch
erheblich zu senken – von 1100 Kilowattstunden auf
350 Kilowattstunden pro lackierter Karosserie.

Aber auch bei den großen Protagonisten für den
Klimawandel, der »Fridays for Future«-Bewegung,
taucht das Thema Energieeffizienz selten auf. Und
wenn, dann eher im Sinne von Energiesuffizienz, das
heißt Einsparung durch Änderung der Konsumge-
wohnheiten. Was ja auch eine Lösung sein kann. In
Zeiten des Corona-Lockdowns wird weniger produ-
ziert, weniger geflogen und somit auch weniger CO_2
ausgestoßen. Vielleicht gibt die Krise auch Anstoß, in
dieser Richtung weiterzudenken.
»Fridays for Future« wird sicher das Thema Klimawandel vorantreiben. Wenn Greta Thunberg den
UNO-Generalsekretär und den Papst trifft, gibt das
zumindest Gedankenanstöße in der Öffentlichkeit.
In der Zwischenzeit hat die Bewegung auch erkannt,
dass die Wissenschaft mehr einbezogen werden muss
und es nicht nur um Demonstrationen geht. Was
mich bei der Bewegung stört, ist, wenn deutsche Ak-

tivisten meinen, die Alten sollten sich raushalten, sie seien »doch eh bald nicht mehr dabei«.

Heute taucht auch hin und wieder der Gedanke auf, ob man es nicht doch wieder mit Kernenergie versuchen sollte. Deren Energieerzeugung findet ja ohne Kohlendioxidausstoß statt. Allerdings wiegen die Nachteile bei den derzeitigen Atomkraftwerken, also der Kernspaltung, schwer. Zu nennen sind da vor allem das Meltdown-Risiko und die nicht verwendbaren Abfälle, die noch nach ein paar Jahrhunderten strahlen. Es gibt allerdings Projekte, die ohne diese Nachteile auskommen: so etwa das Projekt ITER in Frankreich, das eine Kernfusion mittels Magneten vorsieht, oder die lasergestützte Trägheitsfusion. Zu letzterem Thema traf ich vor Kurzem den Gründer eines Start-ups, dessen Beratergremium auch ein Nobelpreisträger angehört und wo man eine klare Vorstellung von einer Pilotanlage zur lasergestützten Fusion hat. Allerdings werden dazu eine Milliarde Euro benötigt. Das wird schwierig. Was ich nur bedingt verstehen kann, wenn ich an die Hunderte von Milliarden für den Ausbau der erneuerbaren Energien denke. Ich bin gespannt, wie die Politik reagiert. Oder ob der Wirtschaftsminister an seiner verkorksten Energiewende festhält.
Das Thema Kernenergie schließt ja auch Frau Greta nicht mehr völlig aus, wenn sie äußert: »Ich bin persönlich gegen Atomkraft, aber nach dem IPCC könnte sie tatsächlich ein kleiner Teil einer großen neuen, CO_2-freien Energielösung sein.«

Dass sich das Thema Klima und Nachhaltigkeit auch in der Finanzwelt durchgesetzt hat, finde ich erstaunlich. Es gibt heute Sustainability-Schuldscheindarlehen, bei denen die Verzinsung an das Nachhaltigkeitsrating gekoppelt ist. Der Zinssatz sinkt oder steigt je nachdem, ob sich dieses Rating verbessert oder verschlechtert. In das Rating fließen Ökologiekennzahlen wie Kohlendioxidausstoß, Wasserverbrauch, aber auch Aspekte wie faire Arbeitsbedingungen und Bedingungen gegenüber den Lieferanten ein. Ein von Dürr dergestalt ausgegebenes Schuldscheindarlehen über 200 Millionen Euro war übrigens weltweit das erste seiner Art.

Das Thema Energiewende wird mich noch lange beschäftigen, auch wenn ich zu den Alten gehöre. Zumindest kann ich mitreden, und das will ich auch. Ich bin allerdings nicht der Meinung des Großschriftstellers Jonathan Franzen, der in seinem Buch »Wann hören wir auf, uns etwas vorzumachen?« die Unabwendbarkeit der Klimakatastrophe beschreibt. Er glaubt, man könne nichts mehr tun. Ich bin der Meinung, wir können sehr wohl etwas tun. Schließlich haben wir Alten den nächsten Generationen versprochen, dass es ihnen einmal besser als uns gehen soll. Zumindest nicht schlechter.

Zum Thema Klimawandel sind vor allem die Ingenieure aller Fachrichtungen gefragt. Sie sollten dabei den Bericht zum 50-jährigen Bestehen des Club of

Rome mit dem Titel »Wir sind dran«[8] von Ernst Ulrich von Weizsäcker, Anders Wijkman und anderen studieren. Dieses Werk zeigt, wie heute das Thema Klimawandel von der Wissenschaft gesehen wird.

In drei Teilen – 1. »Die heutigen Trends sind überhaupt nicht nachhaltig«, 2. »Auf dem Weg zu einer neuen Aufklärung« und 3. »Eine spannende Reise zur Nachhaltigkeit« – wird sehr detailliert herausgearbeitet, was zu tun ist, um die Klimakatastrophe zu verhindern.

Manche glauben, dass das Thema Klimawandel durch die Corona-Krise zweitrangig wird. Das wird nicht der Fall sein, denn zur Bekämpfung dieser Krise werden vordringlich Digitalisierung und Künstliche Intelligenz eingesetzt werden. Genauso wie das bei den Fragen zum Klimawandel geschieht. In diesem Zusammenhang ist auch das Buch »Novozän. Das kommende Zeitalter der Hyperintelligenz« des britischen Wissenschaftlers James Lovelock interessant.[9]

Alle Lösungen zur Reduzierung von CO_2 sind am Ende langfristig. Und sie müssen politisch umgesetzt werden. Politik denkt aber eher kurzfristig, von einer Wahlperiode zur nächsten. Haben da autoritäre Systeme einen Vorteil? An dem Thema bleibe ich dran.

Singularität

Die Frage »Was nun?« ist auch eine Frage nach der Zukunft. In der spielen Digitalisierung und Künstliche Intelligenz (KI) eine ganz entscheidende Rolle. Naturgemäß beschäftige ich mich mit Industrie 4.0, denn das ist ein Thema, das für die Firma Dürr entscheidend ist. Aber es geht noch weiter. Im Silicon Valley arbeiten sie an der Verbesserung der Welt, einige befassen sich mit der Singularität, einem Zustand, bei dem die Künstliche Intelligenz die des Menschen überholt und am Ende der Mensch mit dem Computer verschmolzen wird. Obwohl ich das technologisch nur bedingt verstehe und auch selbst kein Computerprogramm schreiben kann, interessiert mich dieser Komplex ungemein. Deshalb habe ich Kontakt zu einem der dortigen Chefdenker gesucht. Gefunden habe ich Dr. Ray Kurzweil, Erfinder, Autor, Futurist, verheiratet, zwei Kinder, ein Genie, das mit 14 Jahren seinen ersten Computer entwickelt haben soll. Ich habe um ein Interview nachgesucht, das mir auch gewährt wurde. Also habe ich mich nach Palo Alto »beamen« lassen. Das Treffen findet in der Singularity University statt.

Doktor Ray Kurzweil, 72 Jahre alt, Jeans, offenes Hemd, Lesebrille, begrüßt mich mit »Hey, was kann ich für Sie tun? Sie kommen aus dem alten Europa und wollen was über die Zukunft erfahren?«
Der Mann wirkt freundlich und interessiert.
Ich komme direkt zur Sache: »Werden wir ewig leben, Doktor Kurzweil?«
Er lächelt: »Sagen Sie Ray zu mir, Heinz. Eine Gegenfrage: Sagt Ihnen Singularität etwas?«
»Ja, ich habe über Vernor Vinge gelesen, der 1993 bei der NASA den Begriff *technologische Singularität* eingeführt hat – in Bezug zur allgemeinen Relativitätstheorie, in der die schwarzen Löcher als Krümmungssingularitäten bezeichnet werden. Weiter sagt er, wenn es zur technologischen Singularität kommen wird, werden alle Gesetze der Menschheitsgeschichte anders sein. Bis 2030, so seine Prognose im Jahre 1993, werden die Menschen Entitäten mit höherer Intelligenz als der menschlichen sein. Dies könne auf verschiedene Weise erreicht werden: Entweder werden die Computer klüger als die Menschen. Oder der Mensch schließt seinen Körper an Computer an und modifiziert die Biologie seines Gehirns, um seine Fähigkeiten zu steigern. Stimmt das so?«
Ray nickt: »Aber da fehlt noch was. Es wird nämlich auch gesagt, dass es sich bei diesen superintelligen-

ten Entitäten um die letzte von Menschen erfundene Maschine handeln wird, die alle künftigen Maschinen erschaffen und die Entscheidungen zur globalen Regulierung, egal ob Geld- oder Warenflüsse, übernehmen wird.«

»Und dann haben wir Singularität erreicht?«

»Eigentlich ist der Singularitätsbegriff 2005 durch meinen Bestseller ›The Singularity is Near‹ wirklich populär geworden. Ich habe damals prognostiziert, dass das Singularitäts-Zeitalter etwa um 2045 beginnen wird. Dann werden wir in die Epoche der Fusion von Technologie und menschlicher Intelligenz eintreten. Der Mensch wird sich in ein halb biologisches, halb informatisches, mit dem Internet verbundenes Wesen verwandeln. Damit werden wir auch die Möglichkeit haben, uns unsterblich zu machen, schlicht und einfach, indem wir unser Bewusstsein auf einen Computer überspielen.«

»Das heißt, die Künstliche Intelligenz übertrifft die menschliche? Aber es gibt ja auch kritische Stimmen zur KI, zum Beispiel von Stephen Hawking, der sagt: Die Entwicklung zur vollständig Künstlichen Intelligenz könnte das Ende der menschlichen Spezies bedeuten.«

Ray schüttelt den Kopf: »Es liegt in unserer Hand, das zu verhindern. Wir müssen allerdings auf den uns eigenen Selbstzerstörungstrieb achten.«

Ich frage nach: »Und über diese gewaltige Entwicklung lehren und forschen Sie in der Singularity University?«

»Wissen Sie, Heinz«, Ray holt Luft, »unsere Technologie, unsere Maschinen sind Teil unserer Mensch-
lichkeit. Wir haben sie geschaffen, um uns selbst zu
erweitern, und das ist es doch, was den Menschen
einzigartig macht. Ja, ich versuche, die Kultur im Silicon Valley dahingehend zu beeinflussen. In unserer
Universität haben wir renommierte Hochschulfor-
scher, aber auch Unternehmer, die diesen Ideen nahestehen.«

Ich hake nach: »Kann man sich vorstellen, dass Menschen ihre Körper mit Computern dergestalt ver-
netzen, indem sie zum Beispiel ein Kabel direkt ans
Gehirn anschließen? Da gibt es doch auch psychologische Barrieren zu überwinden. Würden Sie denn
akzeptieren, dass man Ihnen beispielsweise einen
USB-Anschluss mitten in den Nacken implantiert?«

Ray zögert einen Moment, meint aber dann: »Ich
kann mir das schon vorstellen, doch eigentlich ist
das wie die Geschichte mit den Retortenbabys. Nach
der ersten gelungenen Befruchtung im Reagenzglas
haben sich die Journalisten auf das Neugeborene
gestürzt, um sich zu vergewissern, ob es auch ganz
normal ist. Seither ist diese Praxis doch zu etwas All-
täglichem geworden.«

»Wie meinen Sie das?«

»Bis vor Kurzem hatten wir keine Möglichkeit, die
scheinbare Zwangsläufigkeit von körperlichem Ver-
fall und Tod aufzuheben. Unser Bewusstsein kommt
uns jedoch nicht vergänglich vor, sondern scheint
dauerhaft. Trotzdem müssen wir beobachten, dass

Menschen sterben. Also haben wir verschiedene Theorien entwickelt, warum sie, auch wenn ihr Leben zeitlich begrenzt scheint, in Wahrheit ewig leben. Durch Wiedergeburt, in einem ewigen Leben im Himmel oder im Gedächtnis der Nachfahren. Und wir erdenken philosophische Gründe, warum der Tod etwas Positives und Befreiendes ist und es nicht gut wäre, das Leben ins Unendliche zu verlängern.«

»Das ist doch so, wie es uns die Religionen sagen«, werfe ich ein.

Ray blickt mich streng an, geht aber nicht auf meinen Einwurf ein.

»Die Verdrängung der Tatsache, dass der Tod eine unermesslich schreckenerregende Vorstellung ist – ganz zu schweigen von dem Leiden, das damit einhergeht –, ist weitverbreitet. Wir hängen an unseren Rationalisierungen, die es uns erlauben, im Angesicht der heraufziehenden Tragödie weiterzumachen. Solange wir keine Alternative hatten, war das vernünftig. Heute haben wir eine Alternative. Auch wenn wir die nötigen Mittel noch nicht zur Hand haben, besitzen wir doch das Wissen, wie wir bis zu dem Zeitpunkt leben können, an dem sie zur Verfügung stehen werden. Mit dem heutigen Wissen können selbst Angehörige meiner Generation in 15 Jahren noch bei guter Verfassung sein. Dann wird es möglich sein, unser biologisches Programm durch Biotechnologie zu modifizieren, was uns lange genug leben lassen wird, bis uns die Nanotechnologie befähigt, ewig zu leben.«

Mich treibt etwas anderes um: »Das klingt plausibel. Aber ich habe eine ganz andere Frage: Haben Sie ganz persönlich Angst vor dem Tod?«

»Eigentlich nicht. Ich habe da eine ganz persönliche Erfahrung gemacht, wie das mit der Gesundheit ist. Ich erkrankte, als ich 35 war, an Diabetes Typ II. Die herkömmliche Herangehensweise machte es schlimmer. Also ging ich das Problem als Ingenieur und Wissenschaftler an. Ich sammelte Informationen und Daten und heilte so meinen Diabetes durch Nahrungsergänzungsmittel und Umstellungen im Lebensstil; heute bin ich völlig symptomfrei. Ich habe übrigens auch, als ich älter wurde, ein weiteres Gesundheitsproblem festgestellt: dass sich mein Alter beschleunigt. Ich habe auch diese Herausforderung gemeistert. Bei bestimmten Alterstests kommt bei mir 40 heraus, obwohl ich 67 bin. Ich messe regelmäßig 60 verschiedene Blutwerte, zudem mein Gedächtnis, die Reaktionszeit und das Tastempfinden. Wenn ich dann 80 Jahre alt bin, möchte ich biologisch etwa 38 sein. Dann werden wir unsere Biochemie neu programmieren können, und später kommen dann die Nanobots, also winzige Roboter, die wir in unseren Blutkreislauf einspeisen.«

»Ray, Roboter, das sind ja auch Computer, Sie leben in einer Welt von Computern. Da wollte ich …«

Er unterbricht mich: »Ohne Computer ist diese Welt nicht mehr möglich, nicht mehr denkbar. Das Internet ist ja nur ein weltweiter Verbund von Rechnern. Jeder Rechner kann sich mit jedem Rechner verbinden. Dieser Verbund arbeitet digital mit einem binären Code, der sehr hohe Verarbeitungsgeschwindigkeiten zulässt. Das Internet ist also das Betriebssystem der digitalen Welt. Diese digitale Welt ist gekennzeichnet durch allgemeine Verfügbarkeit sehr großer Datenmengen und deren Verarbeitung. Jeder Mensch kann mit jedem Menschen kommunizieren. Und wissen Sie, was MacLuhan gesagt hat? Erst formen wir die Werkzeuge, dann formen die Werkzeuge uns.«

Ich unterbreche den Redeschwall: »Aber wenn alle mit allem und jedem vernetzt sind, ist das nicht die große Stunde des Konformismus? Und wenn ich im Internet lese: Facebook sagt, wer ich bin, Amazon sagt, was ich will, und Google sagt mir, was ich denke, was meint das denn?«

»Das ist journalistischer Klimbim. Damit können wir in der Singularity Universität nichts anfangen. Aber eins müssen Sie wissen: Die Leistungen von Computern steigern sich exponentiell. Und 2029 wird der Computer so intelligent wie der Mensch sein.«

»Aber ein Computer hat keine Gefühle, er hat kein Unterbewusstsein.«

»Alles, was ein Mensch ist, findet in seinem Gehirn statt. Milliarden von Neuronen mit ihren tausend Synapsen werden elektronisch durch Algorithmen verknüpft, was dann zu Handlungen und Gefühlen führt. Warum sollten wir diese Algorithmen nicht auch für Gefühle finden können?«

Ich habe darüber gelesen, aber vorstellen kann ich

mir das nicht. Also stelle ich eine mehr grundsätzliche Frage: »Ray, wird die Liebe noch existieren, wenn wir nicht mehr sterben?«

»Wir lieben jemanden nicht, weil er tot ist oder weil er sterben wird, die Liebe ist vielmehr der höchste Ausdruck des Lebens. Sie ist das beste Mittel, das wir besitzen, um mit einem anderen Menschen zu verschmelzen. Diese Art der Verschmelzung wird in der Zukunft noch intensiver werden. Der Tod wirkt jedoch an der Liebe nicht mit, sondern er raubt uns die Liebe.«

Mit der Antwort kann ich leben, und so frage ich weiter: »Zurück zu unserer Computerwelt. Es gibt angesehene Wissenschaftler, die sagen, Computer schaden Kindern mehr, als sie nützen. Vereinfacht: Wie ein Muskel werde das Gehirn nicht mehr trainiert. Mit einem Laptop in der Schule zu sitzen, würde dem Lernen mehr schaden als nutzen. Was sagen Sie dazu?«

»Das kann heute ja noch vielleicht stimmen. Aber wenn die Singularität erreicht ist, nicht mehr. Da sind Computer und Mensch eins. Unterschiedliche Sichtweisen werden mit der alten Welt verschwinden, da sie bloß eine Folge der analogen Beschränkungen und deren unzureichenden Informationen sind.«

Schöne Welt! Ich frage nach: »Bis es so weit ist, brauchen wir aber noch sehr viel Kreativität. Doch die fördert ja Google, wo Sie beschäftigt sind. Wie stehen eigentlich die Leute, die bei Google arbeiten, zu Ihnen? Sind Sie für die nicht zu utopisch, zu radikal? Meinen die nicht vielleicht sogar, dass Sie spinnen?«

»Kann schon sein, aber wichtig ist für mich, dass ich

den Ideen der Gründer und ihrem Paradigma folge: Das gesellschaftliche Ziel ist unser Hauptziel. Es geht um eine bessere Welt. Übrigens bin ich zum ersten Mal Angestellter, vorher war ich immer mein eigener Herr. Wissen Sie, Heinz, der Google-Gründer Larry Page hat einmal gesagt, es sei unbefriedigend, jeden Tag nichts anderes zu wollen, als um 10 Prozent besser zu sein als die Konkurrenz, die ohnehin fast das Gleiche tut wie man selbst. Bei Google gehe es um mehr als 10 Prozent, nämlich darum, zehnmal besser zu sein als die anderen, also immer etwas zu machen, was auf einem ganz anderen Planeten angesiedelt ist.«

»Auf einem anderen Planeten?«

Ray blickt nachdenklich drein. »Larry Page sagt auch: Man muss eine gesunde Missachtung für das Unmögliche haben. Man sollte unbedingt Dinge versuchen, vor denen die meisten zurückschrecken würden.«

»Da kann man sich ja auf einige Veränderungen einstellen. Gilt das eigentlich auch für die Politik?«

»Sicher, unser Verwaltungsratschef Eric Schmidt sagt: Die meisten großen Probleme der Welt sind Informationsprobleme. Das heißt, dass mit einer ausreichenden Datenmenge und der Möglichkeit, sie zu verarbeiten, praktisch jede Herausforderung der Menschheit bewältigt werden kann. Wenn alle Probleme im Kern Datenprobleme sind, können sie auch mit Daten gelöst werden.«

Ich denke an die Flüchtlingskrise, die uns immer noch in Atem hält. Auch nur ein Datenproblem? Eigentlich schon, denn Logistik zu managen heißt, Daten zu managen und den Flüchtlingsstrom logistisch unter Kontrolle zu bringen. Aber ich bleibe beim Grundsätzlichen:

»Das heißt doch, dass Politik anders sein wird. Denn wenn es da nur um Informationen und Kommunikation geht und nicht mehr um Interessen und Ideen, dann ist das auch nicht länger ein Ergebnis von Auseinandersetzungen der Gesellschaft, sondern eines Managements, das entsprechend effizient arbeitet. Befassen Sie sich auch mit diesem Thema?«

»In meiner Universität wollen wir weitergehen. Wir wollen einfach mehr Zukunft. Das, was Sie ansprechen, ist normales Business. Dafür ist Eric Schmidt zuständig.«

»Dann brauche ich Sie auch nicht nach Industrie 4.0 zu fragen, ein Thema, das mich als Unternehmer naturgemäß umtreibt.«

»Ich bin bei 2.0. ›Menschheit 2.0‹: So heißt die deutsche Übersetzung meines Buches ›Singularity is Near‹.[10] Zu diesem Buch hat übrigens Bill Gates gesagt: Sein, also mein, faszinierendes neues Buch sieht eine Zukunft, in der Informationstechnologie so weit fortgeschritten ist, dass menschliche biologische Begrenzungen überschritten werden können und sich unser Leben so verändert, wie wir es uns nicht vorstellen können.«

Das ist natürlich ein ganz besonderes Lob, aber ich habe noch eine andere Frage:

»Ray, kennen Sie eigentlich die Tragödie ›Faust‹ von Johann Wolfgang Goethe?«

»Davon habe ich gehört.«

»Dann kennen Sie auch die Szene von Doktor Wagner und seinem Labor im zweiten Teil?«

»Helfen Sie mir.«

»Wagner arbeitet in seinem von der Außenwelt strikt abgeschirmten Laboratorium am Projekt der technischen Züchtung eines perfekten, superintelligenten neuen Menschen. Im Gespräch mit Mephisto erläutert Wagner den singulär revolutionären Charakter seines Unternehmens: *Ein herrlich Werk ist gleich zustand gebracht.* Mephisto fragt: *Was gibt es denn?* Wagner darauf: *Es wird ein Mensch gemacht.* Mephisto: *Ein Mensch? Und welch verliebtes Paar / Habt Ihr ins Rauchloch eingeschlossen?*

Offensichtlich kann sich Mephisto das Menschenmachen nur als das Werk eines leibhaftigen Menschenpaares vorstellen. Wagner entgegnet hochfahrend:

Behüte Gott! Wie sonst das Zeugen Mode war,
Erklären wir für eitel Possen.
Der zarte Punkt, aus dem das Leben sprang,
Die holde Kraft, die aus dem Innern drang
Und nahm und gab, bestimmt sich selbst zu zeichnen,
Erst Nächstes, dann sich Fernstes anzueignen,
Die ist von ihrer Würde nun entsetzt,
Wenn sich das Tier noch weiter dran ergetzt,
So muss der Mensch mit seinen großen Gaben
Doch künftig höhern, höhern Ursprung haben.«

Ray lächelt und meint: »Diesen Dr. Wagner könnten wir in der Singularity University gut gebrauchen. Auch wir streben ja den höheren Ursprung des Menschen und seiner großen Gabe, der Intelligenz, an und versuchen, einen revolutionären Epochenwechsel herbeizuführen.«

Ich bleibe bei Doktor Wagner und zitiere weiter:

>*Ein großer Vorsatz scheint im Anfang toll;*
Doch wollen wir des Zufalls künftig lachen,
Und so ein Hirn, das trefflich denken soll,
Wird künftig auch ein Denker machen.«

Ray nickt zustimmend: »Das hat Dr. Wagner richtig erkannt. Wie heißt es doch in meinem Buch: Die Singularität ist ein Zeitalter, in dem unsere Intelligenz zunehmend nichtbiologisch und Billionen Mal stärker als heute sein wird – der Anbruch einer neuen Zivilisation, die es uns ermöglicht, unsere biologischen Grenzen zu überwinden und unsere Kreativität zu verstärken.«

Eine attraktive junge Dame kommt in das Büro und reicht Kurzweil ein Stück Papier (so etwas gibt es also auch noch). Leicht verstört frage ich: »Werden wir also nichtbiologisch werden, quasi kohlenstofffrei? Wenn das so ist, wie sieht es da mit dem Sex aus?«

»Da zitiere ich am besten meinen Kollegen Eliezer Yudkowsky, der da sagt: *Die Computer werden doch viel besser Liebe machen als wir! Alle Empfindungen laufen zum Gehirn, und wir können es so einrichten, dass das digitalisierte menschliche Bewusstsein sexuelle Gefühle empfinden wird, die viel intensiver sind, viel länger andauern als unsere armseligen Orgasmen. Denken Sie doch nur, zwei auf Computer geladene Personen beziehungsweise deren digitalisierte Bewusstseinsformen werden beschließen können, ihre Quellcodes zu teilen – was damit möglich wird, ist Sex mit Telepathie, eine Verschmelzung, wie Sie sie noch nie erlebt haben.«*

Das klingt natürlich beeindruckend. Mein Interesse für die junge Dame, die wieder das Büro verlassen hat, geht auf null.

Ray bietet mir eine Tasse Kaffee an, was ich gerne akzeptiere. Er geht nach nebenan in eine kleine Küche, füllt einen Topf mit Wasser, gibt einen Teelöffel Nescafé in eine Tasse und gießt das kalte Wasser in die Tasse. Dann rührt er um, Milch gibt es nicht, denn das entspricht offensichtlich nicht seinen Diätregeln. Ich trinke und muss sagen, es war der schlechteste Kaffee, den ich jemals getrunken habe. Aber ich habe noch eine praktische Frage: »Stimmt es, dass Sie 250 Pillen pro Tag nehmen?«

»Ich bin mittlerweile auf 200, durch Effizienzsteigerung. Ich nehme allerdings nicht einfach willkürlich irgendwelche Mittel, geleitet von Aberglauben oder vagen Ahnungen. Mein Programm ist sehr konservativ, auch wenn es aggressiv wirken mag. Es stehen wissenschaftliche Beweise hinter allem, was ich tue und anderen empfehle. Wenn etwas zu Recht umstritten ist, wie menschliche Wachstumshormone, dann nehme und empfehle ich es nicht. Und mit Mitteln, über deren Wirkungen wir nicht genug wissen, experimentiere ich nicht. Außerdem führe ich, wie gesagt, regelmäßig zahlreiche Tests durch, um zu sehen, wie es mir geht. Ich mache das seit 20 Jahren, und es geht mir sehr gut. Mein Cholesterinspiegel, der vor 25 Jahren bei 2,80 lag, liegt heute bei 1,30, und ich könnte viele andere Werte aufzählen, die ideal eingestellt sind. Meine Hormonspiegel entsprechen einem 30- oder 40-Jährigen, und ich bin weit über 60. Ich schlafe gut, und ich bin immer noch sehr produktiv.«

»Kann man diese Pillen auch kaufen?«

»Nicht alle, aber es gibt einen Onlineshop, den ich zusammen mit einem Freund gegründet habe. Dort können Sie allerlei Hilfsmittel für das ewige Wohlleben kaufen. Zum Beispiel das Excelerol, das fortschrittliche Mittel für Hirngesundheit, die 90er-Packung für 90,90 Dollar.«

Meine nächste Frage: »Sie sind so eine Art Chefingenieur bei Google, halt, die Firma heißt ja jetzt Alphabet. Das ist ja ein sehr erfolgreiches Unternehmen, das viel Geld hat und sich eigentlich alles leisten kann. Wie finden Sie eigentlich den Slogan *Don't be evil*, sei nicht böse?«

Dabei denke ich an die Aussage eines früheren Beauftragten für Datenschutz, der meinte, dieser Satz erinnere ihn an das Bekenntnis von Stasi-Minister Mielke bei seinem letzten Auftritt in der Volkskammer am 13. November 1989: »Ich liebe euch doch alle.«

Ray denkt nach: »Zunächst mal, alles können wir uns nicht kaufen. Datenverwertung ist ein großes und gutes Geschäft, zahlen müssen wir ja für die Daten nicht, der Computer erledigt fast alles. Die Algorithmen entwickeln wir. Noch so lange, bis das auch der Computer kann. Wir stecken sehr viel Geld in die Entwicklung. Zum Beispiel in die Singularity University. Was den Slogan angeht, mit dem Google wirbt, lässt sich doch eigentlich nichts dagegen sagen. Manche meinen, das hieße, dass die anderen alle böse sind, aber so ist das nicht gemeint. Jeder könnte diesen Slogan verwenden.«

Ich merke, dass das Interview so langsam zu Ende geht, fast scheint mir der Doktor gelangweilt. Ich will versöhnlich enden. Schließlich soll er nicht denken, ich sei ein Maschinenstürmer gegen den Fortschritt. Obwohl ich schon der Meinung von Nestroy bin, der einmal schrieb: »Überhaupt hat der Fortschritt das an sich, dass er viel größer ausschaut, als er wirklich ist.«

»Lieber Ray, ich habe eine junge Frau namens Julia Schramm getroffen, die mir sagte, sie lebe im Internet. Sie beschäftige sich nicht nur mit dem Internet, sondern existiere darin. In ihrem Buch ›Klick mich‹[11] hat sie geschrieben: *Ich lebe. im Internet. Ich bin da ziemlich glücklich, habe Freunde, die ich nur digital kenne und abschalten kann, wann ich will. Wir reden, lachen, streiten, weinen, hassen, tauschen Gedanken und Videos aus, lästern und verlieben uns. Diese Welt ist Teil unserer Realität und hat doch ihre eigenen Re-*

geln. Sie legt sich wie ein Schleier auf unsere Kohlenstoffwelt, verändert sie und ist doch eigenständig. Manche glauben, die Welt des Geistigen hinter dem Monitor sei künstlich, doch für mich ist sie wahrhaftig und real.«
Ray nickt zustimmend. »Die Dame hat verstanden, wohin die Reise geht. Sie weiß auch, dass bis zu dem Tag, an dem die Singularität gilt, ein gewisses Hin- und Herflattern zwischen der alten Welt mit ihren großen Dichtern und Denkern mit epischen Opern und pompösem Ballett und dann der neuen Welt, in der ich nicht nur rezipiere, sondern partizipiere, erforderlich ist. Ich glaube auch, dass sie sich sicher fühlt hinter dem Bildschirm.«

Das macht mich nachdenklich. Denn die junge Frau kennt offenbar meine Ängste nicht, dass Computer mir mein Menschsein nehmen könnten. Sie träumt von einer virtuellen Polis, in der es keine Unterdrückten, keine Ausgebeuteten gibt. Sie glaubt an den besseren Menschen, der hier entsteht. Ich will Kurzweil noch fragen, wie er den Einfluss der Digitalisierung auf die Arbeitswelt sieht, denn ich erinnere mich an die Äußerung eines Mitarbeiters von Google: »Ich denke Tag und Nacht darüber nach, wie ich Jobs sparen kann.« Und dabei bin ich in Gedanken bei dem Unternehmen, das meinen Namen trägt, und seinen 16 000 Beschäftigten. Der Wert dieses Unternehmens, das ist das Humankapital, das sind die Menschen. Ich mache eine einfache Rechnung auf. Die Firma hat einen Börsenwert von 2,5 Milliarden Euro, das heißt, ein Mitarbeiter ist an der Börse etwa 150 000 Euro wert. Im Silicon Valley gibt es Unternehmen mit einem Börsenwert von zwei Milliarden Dollar und 20 Mitarbeitern. Dann ist ein Mitarbeiter 100 Millionen Dollar wert. Spielt das Geld vielleicht doch eine größere Rolle bei dieser visionären Menschheitsentwicklung? Oder wird der Wert des Geldes etwa ganz neu definiert? Ich habe noch viele Fragen, die ich gern mit diesem freundlichen Herrn diskutieren würde, doch die Zeit ist abgelaufen, ich muss mich verabschieden. Aber eines will ich doch noch wissen: »Werden wir ewig leben, Ray?«

»Wir beide noch nicht. Dafür sind wir zu alt. Aber lesen Sie mein Buch ›Menschheit 2.0‹. Da habe ich die Geschichte der Menschen in sechs Epochen aufgeteilt. Vom Urknall angefangen. Heute leben wir in der Epoche 4, die durch Technik bestimmt wird. Dann kommt die Epoche 5, Verschmelzung von menschlicher Technik und Intelligenz. In der ist die Unsterblichkeit möglich.«

»Wenn die Menschen unsterblich werden, wird dann unser Planet nicht total überfüllt sein? Oder gibt es dann keine Kinder mehr?«

Fast verständnislos schaut mich Doktor Kurzweil an. »Natürlich gibt es noch Kinder, aber die Unsterblichkeit findet ja nicht kohlenstoffbasiert statt.«

»Ich lebe also in der Cloud fort?«

»Kann man so sagen.«

»Und was passiert in der Epoche 6?«

»Nochmals, lesen Sie mein Buch ›Menschheit 2.0‹. Sie sind ein neugieriger Mensch, Sie können sich auf die neue Zeit einrichten, und dabei wünsche ich Ihnen viel Glück.«

Er schaut mich eindringlich an. Ich sehe etwas wie ein verrücktes Glitzern in seinen Augen. Hat er etwas Religiöses an sich? Will er uns mit einer neuen »Frohen Botschaft« erlösen?

Er schüttelt mir die Hand und meint nochmals: »Singularity is near. Good luck, Heinz.«

Später habe ich das Buch gelesen. Es ist mühsam, sehr mühsam sogar. Viel Redundanz, manches unverständlich, aber das Ziel schon klar: Der Mensch verschwindet und wird abgelöst durch eine Entität: Mensch plus Computer.

Ich lasse mich nach Berlin »zurückbeamen«. Jetzt sitze ich an meinem Schreibtisch und versuche, das, was ich in Palo Alto gehört habe, zu verstehen. Ist es Utopie, Vision oder Scharlatanerie? Plausibel war das alles eigentlich schon. Wenn man genügend Vorstellungskraft mitbringt. Oder geht es am Ende nur um ein erfolgreiches Geschäftsmodell und um persönlichen Gewinn?

Ich öffne langsam meine Augen. Die reale Welt hat mich wieder, und ich bin froh, dass ich aller Voraussicht nach das Jahr 2045 nicht mehr erlebe, in dem das Singularitäts-Zeitalter beginnen soll. Aber manch fantastische Entwicklung werde ich noch miterleben.[12]

Rauchen

Ich rauche gerne. Zigarillos, Zigarren und Pfeife. Obwohl es meiner Gesundheit schadet, wie allgemein gesagt wird. Warum raucht man eigentlich?

Ich habe in meinem Leben vier Bundeskanzler kennengelernt. Alle haben geraucht, jeder auf seine Weise.

Meine erste Begegnung mit Helmut Schmidt fand im Jahr 1981 im Kanzlerbungalow statt. Er hatte zu einem Gespräch mit Topmanagern, Gewerkschaftern, Mittelständlern und der Bundesbank eingeladen. Es ging um die politische Gesamtlage. Schmidt wies mir den Platz an seiner Seite zu, was einiges Stirnrunzeln bei den großen Meistern hervorrief, denn ich war der jüngste Teilnehmer. Er hörte sich die weitschweifigen Ausführungen der Geladenen geduldig an, zeitweise kritzelte er etwas auf dem Papier, das vor ihm lag, und hin und wieder zündete er sich eine Zigarette an. Einmal flüsterte er mir zu: »Was halten Sie von diesem Quatsch des Herrn Präsidenten?«

Im Frühjahr 1983 besuchte mich Helmut Schmidt während des Vergleichs der AEG bei einer Betriebsversammlung in der Berliner Brunnenstraße. Ich war ausgebuht worden, aber Schmidt rettete mich mit dem Statement: »Nun lasst mal die Tassen im Schrank. Als der Dürr zu der AEG kam, war die Kacke doch schon am Dampfen.« Anschließend saßen wir zusammen, und Schmidt rauchte seine beliebte Reyno White. Eine ganz weiße Zigarette, 100 Millimeter lang, nur ein dünnes grünes Band vor dem Filter. Er rauchte mit großer Eleganz, wie ich fand. Ich sah Schmidt bei vielen Talkshows rauchen, er zelebrierte den Vorgang regelrecht, wie Ferdinand von Schirach einmal feststellte: »Er konnte mit konzentriertem Anzünden und herrlich arrogantem Ausatmen des Rauches über die Köpfe der anderen hinweg jedes Gespräch für ein paar Sekunden unterbrechen. Alles passte zusammen: seine Gelassenheit, seine Überheblichkeit, seine Analysen und Weissagungen, die nicht immer stimmten, sein Cäsarenkopf.«[13] Jetzt ist Schmidt tot, und Rauchen ist weitgehend verboten.

Den zweiten Bundeskanzler, Helmut Kohl, traf ich zum ersten Mal 1981 in seinem Abgeordnetenbüro in Bonn. Ich versuchte, ihm die Lage der AEG zu erläutern, wir standen kurz vor dem Vergleich. Er hörte aufmerksam zu, verstand mein Werben um Unterstützung durch die Politik. Dabei bemerkte er eher beiläufig, dass bald ein Regierungswechsel anstehe,

denn die SPD/FDP würde nicht die ganze Legisla-
turperiode durchhalten, die FDP hätte nun mal ihre
»Wagscheißerrolle«, wie das einmal Theodor Heuss
formuliert hatte. Er sei zusammen mit der CSU zur
Regierungsübernahme bereit, und die FDP würde
mitmachen.

Kohl war bei dem Gespräch sehr gelassen, er bot mir
pfälzischen Wein an, und wir rauchten Pfeife. Das sei
ein ganz besonderer Vertrauensbeweis, meinte er.

Diesen Vertrauensbeweis brauchte ich auch später
(Kohl war Bundeskanzler), als es um die Bahnreform
ging und ich versuchte, ihm diese zu erläutern. Ich
kam öfter in sein Büro nach Bonn und berichtete
ihm, wie die Lage der Bahn so sei. Auch da tranken
wir pfälzischen Wein und rauchten Pfeife.

Pfeife rauchen ist etwas ganz anderes als Zigaretten
rauchen. Eine Pfeife zu stopfen – »unten luck's, oben
druck's« – und der Anzündevorgang sind ein Proze-
dere, das Zeit braucht, ein gewisses Maß Gelassenheit
liegt dem Vorgang zugrunde. Man kann auch nicht
so schnell und unentwegt reden beim Pfeiferauchen.
Man blickt dem Rauch nach, ob es perfekte Kringel
gibt. So gesehen passte diese Art zu rauchen hervor-
ragend zu Kohl.

Nach einer Pfeife war die Besprechung beendet. Wie
viele Zigaretten ich mit Schmidt erlebt hätte, wenn
wir miteinander über die Bahnreform gesprochen
hätten, weiß ich nicht.

Bei dem einen ging alles rucki, zucki, bei dem anderen
dauerte es etwas länger. Entschieden aber haben beide.

Mein dritter Bundeskanzler, Gerhard Schröder, rauchte Zigarren, kubanische Cohiba. Ich habe mit Gerhard Schröder nur einmal eine Zigarre geraucht, da war er noch Ministerpräsident in Niedersachsen, und ich erklärte auch ihm die Bahnreform. Er rauchte seine Cohiba, ich mein Zigarillo. Er erklärte mir, dass er seine erste Zigarre geraucht habe, als er zum ersten Mal Fidel Castro im Zentralkomitee der Kommunistischen Partei Kubas in Havanna begegnet sei, der ihm daraufhin vor seiner Abreise per Boten eine Holzkiste mit 25 Cohibas, Marke »Lanceros«, überbringen ließ. Diese Marke habe Che Guevara auf Befehl Castros entwickeln lassen – mit der Maßgabe, das solle das Edelste sein, was es auf der Welt zu rauchen gibt.

Ich weiß nicht, ob Schröder Sigmund Freud zugestimmt hätte, der meinte: »Rauchen ist eine der größten und billigsten Vergnügungen im menschlichen Leben.« Und in einer Phase der Abwesenheit schrieb er an seine Verlobte Martha Bernays: »Rauchen lässt sich nicht entbehren, wenn man nichts zum Küssen hat.« Den Satz könnte ich mir durchaus auch bei Schröder vorstellen.

Für Schröder war die Zigarre ein Signal: »Hier bin ich, ich habe es geschafft. Und ich bin gleichzeitig einer von euch.« Aus einer Akte der Stasi, die früh auf ihn aufmerksam wurde, liest er selbst vor: »Gang lässig, Gestalt kräftig, Kleidung sauber, ordentlich. Trinkt gern und viel Bier, immer große Gläser, raucht Zigarre.«

Auch Ludwig Erhard war Zigarrenraucher. Ich erlebte ihn im Haus meines Vaters in Tegernsee. Erhard wohnte in Gmund, also einen Ort weiter. Er spielte oft mit meinem Vater und seinem Schwiegersohn Karten und rauchte dicke Zigarren. Er war ein ganz anderer Typ als Gerhard Schröder. Für ihn war die Zigarre nicht Signal, sondern Markenzeichen. Er demonstrierte damit die Gemütlichkeit des Wissenden. Auf Bildern in den Medien wurde er immer mit Zigarre gezeigt. Das könnte er sich heute nicht mehr leisten, die Zeiten haben sich geändert. Auch Schröder raucht nicht mehr. Seine junge Ehefrau hat es ihm verboten.

Unsere jetzige Bundeskanzlerin Angela Merkel raucht nicht. Und ich kann mir nicht vorstellen, dass sie zum Beispiel in einer Talkshow raucht, nein, dass sie überhaupt raucht. Sie braucht nicht aufzutrumpfen. Dafür hat sie sehr wahrscheinlich eine längere Regierungszeit als ihre drei Vorgänger, wenn auch nur ein paar Tage mehr als Kohl.

Gespräch über das Alter

Wenn ich die Frage nach dem »Was nun?« beantworten will, muss ich mich naturgemäß mit meinem Alter beschäftigen. Ich bin ja ein alter Mann. Also suchte ich jemanden, einen Alten, mit dem ich die Fragen, die an mir nagten, besprechen konnte. Und ich fand ihn, mehr durch Zufall: Cato den Älteren. Er hatte mit zwei jungen Römern über das Alter geredet, was Cicero in seiner Schrift »Cato maior de senectute« – Cato über das Alter – festgehalten hat.

Also lud ich Cato in unser Haus im Engadin ein. Er kam, und wir unterhielten uns einen halben Tag lang in meiner Engadiner Wohnstube.

Zu Beginn hatte ich ihm mein Anliegen vorgetragen: »Ich möchte mit Ihnen über das Alter sprechen. Und über das Altwerden. Vielleicht können Sie mit Ihrer Weisheit dazu beitragen, meine Ängste zu zerstreuen. Ich habe fast 60 erfüllte Berufsjahre hinter mir. Es ist eigentlich alles in Ordnung in meinem Leben. Und doch fehlt etwas. Manchmal fühle ich mich nicht wohl in meiner Haut. Es geht vorbei. Aber es kommt wieder. Man sagt, ich sei dann unleidlich. Vielleicht kann mir der Austausch mit einem lebenskundigen Menschen wie Ihnen helfen.«

Cato, der es sich in einem Ohrensessel bequem gemacht hatte, zog seine weiße Toga glatt, die mit dem seiner Amtswürde entsprechenden Purpurstreifen eingefasst war und unter der er eine rote Tunika trug. Er fasste sich ans Kinn, gerade so, als wollte er die alt gewordene Haut straffen: »Das war also der Grund für deine Einladung. Du willst meine Meinung zum Alter hören? Nun gut, dann sollst du sie hören, so wie die beiden jungen Römer sie gehört haben.« Und mit erhobener Stimme zitierte er sich selbst: »Wenn ich dir helfe und dich von der Sorge befreie, die dich nun ängstigt und tief im Herzen dir Qualen bereitet, winkt mir dann wohl ein Lohn?«

Was meinte er mit »Lohn«? Etwa ein Beratungshonorar? In meinem Berufsleben hatte ich viel mit Beratern zu tun gehabt, und sie verlangten immer hohe Honorare. Aber da Cato nicht weiter darauf einging, sagte ich: »Scipio Africanus soll zu Ihnen gesagt haben: Es ist bekannt, dass Ihnen das Alter nicht schwer wird, während es den meisten alten Menschen so verhasst ist, dass man sie sagen hört, sie trügen mit ihm eine Last, schwerer als der Ätna.«

»Da staunte Scipio über etwas, was nicht besonders schwierig zu erklären ist«, meinte Cato. »Wer nämlich in sich selbst nicht die Voraussetzung dafür hat,

146

gut und glücklich zu leben, für den ist jede Altersstufe beschwerlich. Wer aber alles Gute bei sich selbst sucht, dem kann nichts schlimm erscheinen, was die Naturnotwendigkeit ihm bringt. Dazu gehört das Alter; alle wünschen, dass sie es erreichen, doch wenn es erreicht ist, klagen sie es an. Aber nur Dummköpfe lasten ihre Fehler und ihre Schuld dem Alter an. Aber wenn du wissen möchtest, was ich über das Alter denke, nein, was ich über das Alter weiß, dann nenne ich dir vier Gründe, weshalb manchem das Alter beklagenswert erscheint:

- weil es uns von der Ausübung einer Tätigkeit abhält und uns Ämter kostet
- weil es unseren Körper schwächt
- weil es uns fast sämtlicher Genüsse beraubt und
- weil es dem Tode nahe ist.«

Cato bat um ein Glas Wasser. Ich wusste, dass die alten Römer Wasser aus Keramikbechern zu trinken pflegten, und hatte einen solchen Becher bereitgestellt. Den füllte ich jetzt mit Rhäzünser Mineralwasser. Genüsslich trank Cato den Becher in einem Zug leer. Dann fuhr er fort: »Betrachten wir nun, wie wichtig diese Gründe sind und was es mit jedem auf sich hat.«

»Der erste Grund leuchtet mir sehr ein«, erwiderte ich und erzählte ihm von meinem Berufsleben, davon, wie viele Ämter ich bekleidet hatte, wie wichtig ich war, wie viele Aufsichtsratsmandate ich wahrzunehmen hatte und dass das jetzt ganz anders war. Ich berichtete von den vielen großen Aufgaben, die ich hatte, von der Rettung eines Großkonzerns, der Führung und Restrukturierung eines Staatsbetriebes, und schloss damit, dass ich heute schlicht und ergreifend zu wenig zu tun hatte. Früher war mein Wochenplan immer mit Terminen gefüllt, es gab keine freien Tage. Heute sei das anders, die großen Aufgaben würden fehlen.

Ich erzählte ihm von den vielen Reden, die ich gehalten habe, bei Institutionen, wo ich überzeugen wollte, bei Firmenfeierlichkeiten, bei kulturellen Veranstaltungen, aber auch bei politischen Events. Cato hörte sich meine weitschweifigen Ausführungen geduldig an und meinte schließlich: »Im Alter neigt man zur Geschwätzigkeit. Niemals schweigt er, den die Sucht zu reden beherrscht wie einen Schlafkranken die Sucht zu trinken und zu schlafen.« Das habe er einmal zu dem führenden Politiker Marcus Caelius Rufus gesagt.

Dann gab Cato mir noch den praktischen Hinweis, man müsse sich im Alter ganz besonders davor hüten, dieselben Geschichten immer wieder und dann womöglich noch denselben Menschen zu erzählen.

Das erinnerte mich an die Begegnung mit einem großen Mann der Bankenwelt. Er war damals 85 Jahre alt. In einer halbstündigen Unterredung hatte er dreimal erwähnt, wie er dem Finanzminister erklärt hatte, was dieser zu tun habe. Mir, damals 55, war das peinlich, und ich erkannte die Gefahr. Der Satz »Ich werde alt« ist keine Entschuldigung, auch nicht vor einem selbst.

Cato fand mein Beispiel treffend und sagte: »Es ist das Gedächtnis, das schwindet. Vermutlich, wenn man es nicht übt oder auch, wenn man von Natur aus schwerfälliger wird.« Er fuhr fort: »Was mich betrifft, so kenne ich nicht nur die Zeitgenossen, sondern auch ihre Väter und Großväter, und wenn ich Grabinschriften lese, so fürchte ich nicht, dass mich, wie man sagt, mein Gedächtnis im Stich lässt. Wenn ich lese, kehrt die Erinnerung an die Verstorbenen zurück.«

Wir redeten noch einige Zeit über das Gedächtnis. Über Gedächtnisschwäche, also die Abnahme der Fähigkeit, sich an frühere Erlebnisse zu erinnern, und die Merkschwäche, also die Abnahme der Fähigkeit, neue Eindrücke dem Altbesitz des Gedächtnisses einzuverleiben. Im Alter, heißt es, nimmt erst die Merkfähigkeit und später das Gedächtnis als solches ab.

Damit waren wir eigentlich schon beim zweiten Punkt auf Catos Liste, aber ich wollte nochmals darauf zurückkommen, was man im Alter noch tun könne.

»Aber was ist, wenn die Kräfte nachlassen, man nicht mehr jede Belastung aushält?«

»Die Kräfte eines jungen Menschen vermisse ich nicht einmal jetzt, so wenig, wie ich als junger Mensch die Kraft eines Stiers oder Elefanten vermisste. Man sollte das gebrauchen, was man hat, und alles, was man tut, entsprechend seinen Kräften tun.« Und lächelnd fügte Cato hinzu: »Mit dem menschlichen Leben verhält es sich beinahe so wie mit dem Eisen: Wenn man es arbeiten lässt, nutzt es sich ab, wenn man es nicht arbeiten lässt, dann bringt es der Rost um.«

Das Bild gefiel mir als Ingenieur. Damit war dieser Punkt von Catos Liste einigermaßen geklärt, aber nun wollte er etwas von mir wissen:

»Hast du den Eindruck, ich, der ich als Soldat, Tribun, Legat und Konsul in mannigfachen Kriegen tätig war, wäre nicht mehr der Alte, weil ich heute keine Kriege mehr führe?«

»Ich habe nie Kriege geführt, ich war nie an einem Krieg beteiligt«, entgegnete ich. »Als ich ein Kind war, gab es hier Krieg, danach nicht mehr. Seit 70 Jahren leben wir im Frieden.«

»Ich war immer mit Kriegen beschäftigt. Selbst als alter Mann, als Greis, der selbst keine Kriege mehr führen konnte, schrieb ich dem Senat vor, welche Kriege zu führen seien.« Und dann erzählte er von Karthago, von seinen Reden, von dem greisen Quintus Fabius Maximus, der Hannibal mit seiner Ermattungsstrategie besiegte.

Ich erwiderte: »Das sind interessante Geschichten, lieber Cato, aber mit derlei kriegerischen Mannestaten habe ich nie zu tun gehabt.«

»Was sagst du da? Du willst nichts mit Kriegen zu tun gehabt haben? Was macht ihr denn anderes als Krieg führen, wenn ihr danach trachtet, eure Konkurrenten vom Markt zu drängen, wenn ihr Firmen übernehmen wollt, oft auf feindliche Weise, und sich die zu

Übernehmenden dann mit aller Macht wehren? Wie verteidigt ihr euch da? Mit Giftpillen. Die nennt ihr sogar so, *Poison Pills*, vergiftete Aktionen, die die anderen schwächen oder die geplante Aktion so teuer machen sollen, dass sie sich nicht mehr lohnt. Genau wie wir. Wenn wir einen mächtigen Gegenspieler beseitigen wollten und dies mit dem Schwert nicht gelang, dann griffen wir zum Gift.«

Ich musste an die Übernahme von Mannesmann durch Vodafone denken. Das war in der Tat ein Krieg gewesen.

Sichtlich erregt fuhr Cato fort: »Euch bereitet die Schlacht am Markt doch genauso viel Genugtuung und Vergnügen wie uns der Krieg. Wie sonst wäre Rom ein Weltreich geworden? Und wie sind denn eure großen Konzerne groß geworden? Wohl kaum dadurch, dass da jemand fleißig und brav ausbaut, was er findet. Ihr sprecht sogar vom *Weltkrieg der Währungen*, bei dem sich die Nationen gegenseitig mit ihrer Finanzkraft bekämpfen. Und du sagst, du hättest mit Krieg nichts zu tun gehabt?«

Cato verlangte unwirsch nach einem Glas Weißwein. Ich schenkte ihm einen fruchtigen Aigle aus dem Waadtland ein. Im alten Rom war es üblich, Wein nur mit Wasser gemischt zu trinken, doch der unverdünnte Tropfen schien ihm zu munden.

»Vieles in eurer Zeit gefällt mir gar nicht«, meinte er und wischte mit dem Handrücken über den Mund, »aber mit diesen neuen Trinkgewohnheiten könnte ich mich schon anfreunden.«

Anschließend sprachen wir über das Thema Gesundheit. »Man muss gegen das Alter wie gegen eine Krankheit kämpfen«, riet Cato. »Man muss gesundheitliche Rücksicht nehmen und sich maßvollen Übungen unterziehen. Man sollte so viel essen und trinken, dass man seine Kräfte stärkt und nicht belastet.«

Cato war also gegen die Übergewichtigkeit. Ich erzählte ihm, dass es bei uns immer mehr Menschen gebe, die an dieser Zivilisationskrankheit leiden.

»Bei uns war das auch so«, erwiderte Cato: »Einem allzu feisten Mann nahmen wir einmal das Pferd weg, weil jemand mit einem solchen Körpergewicht für die Aufgaben des Ritterdienstes wenig tauglich ist. Wie könnte ein solcher Leib dem Gemeinwesen nützlich sein, bei dem alles zwischen Schlund und Scham nur Bauch ist?«

Dann kam er nochmals auf die nachlassende Physis im Alter zu sprechen. »Wenn wir über Alter reden, dann gilt es, nicht nur den Körper, sondern vielmehr den Geist und den Verstand zu unterstützen. Der Körper wird durch anstrengende Übungen erschöpft, der Geist aber dadurch gestärkt, dass man ihn übt. Du musst dir die Lust am Denken erhalten.«

Also ewiges Lernen, ein Thema, das mich schon immer beschäftigt hat. Auch heute noch.

Als wir auf das Schwinden der Genüsse im Alter zu sprechen kamen, also Punkt drei seiner Liste, wurde Cato pathetisch: »Welch herrliches Geschenk des Lebens, wenn es uns wirklich das nimmt, was in der Jugend die schlimmste Quelle des Lasters ist! Vernimm doch, mein junger Freund, was Archytas von Tarent sagte: Die Menschen haben von Natur keine verheerendere Pest bekommen als die Lust.«

Ich fragte nach: »Hast du beim Zeugen deiner Kinder keine Lust empfunden?«

Cato sagte nichts, lächelte schmal und trank einen Schluck Wein. Es dauerte, bis er weitersprach: »Das war der Fortpflanzung geschuldet.«

»Du hast zweimal geheiratet, die junge Salonia sogar noch im hohen Alter. Sie war eine freigelassene Sklavin.«

»Ja, die Tochter meines Sekretärs. Und ja, ich hatte eben das Bedürfnis nach einem wärmenden Körper.«

»Keine Lust?«

»Was heißt hier Lust? Wenn ich von Lust spreche und von dem, was die Lust hervorbringen kann, dann denke ich an all jenes, was durch Verlangen nach der Lust befördert werden kann: politische Zerrüttung, kleinliche Absprache mit dem Feind, Vaterlandsverrat. Einmal musste ich sogar einen Konsul entlassen. Er hatte eine schlecht beleumundete Frau zu einem Gelage geladen. Dabei hatte er vor der Hure geprahlt, wie unerbittlich er zu verfahren pflegte, wie viele zum Tode Verurteilte im Gefängnis darauf warteten, mit dem Liktorenbeil enthauptet zu werden. Da sagte die Hure, zu Tisch neben ihm liegend, sie habe noch nie zusehen dürfen, wie jemand enthauptet wurde. Der Frau zu Gefallen ließ der Konsul einen Delinquenten herbeischleppen und schlug ihm eigenhändig mit dem Beil den Kopf ab. Und das beim Wein und beim Mahl, wo es doch Brauch ist, den Göttern ihren Anteil zu spenden und den Gästen Gutes zu wünschen. Was für eine Schandtat! Nur aus Lust.«

Er schüttelte sich, blieb aber bei den Genüssen und erzählte von Tischgesellschaften, die für ihn sehr wichtig gewesen seien.

»Ich bemesse das Vergnügen weniger nach dem Wert des leiblichen Genusses als nach dem des Zusammenseins und des Gesprächs. Vor allen Dingen mit der jungen Generation. Ich finde Freude am Vorsitz bei Gelagen, an Reden, die man gemäß dem Brauch der Vorfahren der Reihe nach beim Trinken hält.«

Ich hakte nach: »Wurde bei den Tischgesellschaften auch über Lust gesprochen?«

»Bei alten Menschen gibt es keinen so großen Kitzel der Lust. Es besteht kein Verlangen danach. Man leidet eben nicht unter einer Sache, die man nicht vermisst.«

»Bei uns hat sich da einiges geändert. Vieles geht durcheinander: Es gibt Männer, die mit 70 ganz hemmungslos werden, und Frauen, die mit 60 noch wie 30 aussehen. Und was möglich ist, wird auch gemacht. Man wird noch von uns verlangen, im hohen Alter alles können zu müssen.«

»Wo bleibt da die Muße?«, fragte Cato. »Es gibt nichts Angenehmeres als ein Alter voller Muße. Sei zufrieden und denke an Epikur, der sagte: Wem genug zu wenig ist, dem ist nichts genug.«

Wir redeten lange über das, was ich so tagsüber mache, meine Erinnerungen. Der Abend war fortgeschritten, der Wein war ausgetrunken, und ich holte
zwei Whiskygläser, füllte sie mit Malt Glenfiddich,
Wasser und Eis separat.

Cato, dem die bisher gereichten Getränke auffallend
gut geschmeckt hatten, nahm einen Schluck Whisky
und fragte: »Was ist das?«

»Whisky aus Schottland.«

»Teuer?«, fragte er.

»Schon«, räumte ich ein.

Cato nahm einen zweiten Schluck und lehnte sich
zurück: »Die Alten sind eigensinnig, ängstlich, jäh-
zornig und schwierig, heißt es. Sie sind, wenn wir die
Wahrheit hören wollen, auch geizig. Bei dir scheint
das nicht der Fall zu sein. Aber, und nun höre gut zu,
geizig sein, das ist ein Fehler des Charakters, nicht
des Alters, und doch gibt es für den Eigensinn und
den Geiz eine Entschuldigung, zwar keine, die sie
rechtfertigt, aber eine, die man immerhin verständlich finden kann.«

»Eine Entschuldigung?«

»Die Alten fühlen sich gering geschätzt, verachtet
und verspottet.«

Ich erinnerte mich an ein Interview mit einem jungen
Chefredakteur, der zu mir meinte: »Man beneidet ja
nie ältere Menschen.«

Ich goss Whisky nach. Cato schlürfte ihn genieße-
risch und sagte bedeutungsvoll: »Zwischen dem
Rand der Lippe und dem des Bechers kann sich viel

ereignen. Das ist ein gutes, teures Getränk. Aber warum soll man ausgerechnet im Alter sparen? Gerade im Alter leuchtet mir der Geiz nicht ein. Gibt es etwas Unsinnigeres, als immer mehr Reisegeld anzusparen, wenn der restliche Reiseweg immer kürzer wird?«

Da waren wir bei Punkt vier angelangt. Dem Punkt, der Menschen unseres Alters am meisten zu ängstigen und zu beunruhigen scheint. Cato nannte es »das Nahen des Todes«.

Früher war der Tod für mich immer weit weg. Mir ging es zeit meines Lebens wie Bertolt Brechts Herrn Keuner, der, auf seinen Tod angesprochen, nur bemerkte, er meide Beerdigungen. Oder wie Goethe, der sagte: »Den Tod aber statuiere ich nicht.«

Also fragte ich Cato, wie er es mit dem Tod hält.

»Vom weisen Solon stammt der Ausspruch, er wolle nicht sterben, ohne dass seine Freunde Schmerz empfänden und um ihn klagten. Er wollte den Seinen teuer sein.«

Das gefiel mir, und dazu passte noch ein anderes Zitat: »Hässlich und schrecklich ist der Tod nur auf den Gemälden unserer Künstler.« Das hatte einmal der russische Schriftsteller Leo Tolstoi gesagt.

Cato fügte hinzu: »Wie armselig ist doch der Greis, wenn er in einem so langen Leben nicht erkannt hat, dass der Tod gering zu achten ist. Der Tod ist entweder gänzlich zu vernachlässigen, wenn er die Seele völlig auslöscht, oder sogar zu wünschen, wenn er sie an einen Ort führt, wo ihr ewiges Leben beschieden ist.«

Das Projekt Tod konnte also zwei unterschiedliche Ergebnisse haben. Das eine Mal eine glatte Null, danach nichts mehr. Das andere die Hoffnung auf Glückseligkeit.

»Tertium non datur«, beschied Cato. »Eine dritte Möglichkeit gibt es nicht.«

Es fiel mir schwer, über den Tod zu reden. Denn dem Tod voran geht das Sterben.

Ich erzählte von einem langjährigen Freund, 82 Jahre alt, der sich einer komplizierten Rückenmarksoperation unterziehen musste. Zwölf Stunden. »Wenn Sie es nicht hinkriegen«, hatte mein Freund vor der Operation zu dem Chefarzt gesagt, »dann lassen Sie mich sterben. Unbeweglich im Rollstuhl sitzen für den Rest meines Lebens, das will ich nicht.«

Cato sah dieses Unglück nicht. Er sah Sterben und Tod als Einheit und fragte mich: »Wie steht es damit, dass gerade die größten Weisen im größten Gleichmut sterben und die größten Toren aber im größten Unmut? Einigt euch etwa nicht eine Seele, die mehr wahrnimmt und weiter blickt, zu sehen, dass sie zu einer besseren Welt aufbricht, während die, deren Blick weniger scharf ist, das nicht sieht?« Und er fügte hinzu: »Höre, lieber Freund, was der persische König Kyros der Ältere in seiner Todesstunde sagte: Glaubt nicht, ihr, meine liebsten Söhne, dass ich, wenn ich von euch geschieden bin, nirgendwo oder gar nicht mehr sein werde. Ihr saht ja meine Seele auch nicht, solange ich bei euch war, sondern erkanntet an meinen Taten, dass sie in diesem Körper ist. Glaubt also, dass sie auch dann existiert, wenn ihr nichts mehr von ihr seht.«

Das leuchtete mir ein.

Cato fuhr fort:

»Die Natur hat uns eine Unterkunft zum vorübergehenden Verweilen, nicht zum Wohnen, gegeben. Wie herrlich wird der Tag sein, an dem ich mich zu jener göttlichen Versammlung der Seelen aufmache und aus diesem verworrenen Gedränge scheide.«

Wir saßen schweigend da und dachten nach.

Dann fragte Cato:

»Was bleibt von dir, wenn du deine von der Natur gegebene Unterkunft verlassen musst?«

Ja, was bleibt? Von mir als bekanntem Unternehmer, der seine Firma zum Weltmarktführer gemacht, einen Konzern vor dem Konkurs gerettet und ein Staatsunternehmen sowie eine Stiftung in privatwirtschaftliche Bahnen gelenkt hat? Was kommt nach mir? Ist es das Gedenken der Nachwelt? Ist es der Ruhm oder der Platz in der Geschichte, um den die großen Römer immer kämpften, wie Cato mir weitschweifig erläutert hatte?

Ich spürte, dass unser Gespräch seinem Ende entgegenging. Wir hatten die vier Punkte, die er anfangs genannt hatte, besprochen. Ich fasste für mich zusammen:

Punkt 1: Das Alter hält uns von der Ausübung einer Tätigkeit ab. Stimmt nicht. Es gibt genügend zu tun.

Es wird nur anders. Man kann sich für vieles interessieren. Lebe mit deinen Erinnerungen, erfreue dich an ihnen. Gespräche mit Jüngeren sind hilfreich.

Punkt 2: Das Alter schwächt unseren Körper. Stimmt. Ist aber nicht zu ändern. Man muss sich dessen bewusst sein, darf nicht jammern, muss auf Warnzeichen achten, sich körperlich betätigen und den Geist beschäftigen, indem man neugierig bleibt. Mehr kann man nicht tun. Aber das ist ja auch ziemlich viel.

Punkt 3: Im Alter werden wir fast aller Genüsse beraubt. Stimmt einerseits, weil die körperliche Lust sich seltener aufbäumt. Andererseits gleichen Genüsse des Geistes und der Umgang mit anderen Menschen vieles aus. Ein gutes Essen, ein schöner Wein und Whisky schmecken im Alter nicht schlechter.

Punkt 4: Im Alter sind wir dem Tode nahe. Das ist so, und daran wird sich auch nichts ändern. Wir sollten den Tod aber nicht allzu wichtig nehmen. Eintreten wird er sowieso. Wir müssen unsere Angelegenheiten vorher regeln und uns selbst beschäftigen, sogar nützlich sein, wenn wir Glück haben. Bis zum letzten Tag.

Über eines hatten wir nicht gesprochen: darüber, dass es immer mehr Alte gibt und diese immer älter werden. Die Wirklichkeit – das sind viele alte arme Menschen in Altenheimen, Demente, die in kleinen Familienwohnungen von mittellosen Angehörigen gepflegt werden müssen. Eine Welt, die in krassem Widerspruch zur Fernsehwerbung steht, in der es auffällig viele auffällig rüstige, gesunde Senioren gibt.

Nein, diese Schattenseite einer alternden Gesellschaft haben wir übergangen. Sie betraf mich und Cato nicht. Wir hatten auch nicht über die gesellschaftliche Nützlichkeit der Alten gesprochen. Dabei sind wir auf deren Erfahrung angewiesen. Ich sehe das auch in der Firma Dürr, wenn die jungen Aktiven Probleme zu lösen versuchen, für die die alten Mitarbeiter schon vor ihnen eine Lösung gefunden haben.

Cato war ein Gesprächspartner, mit dem man über alles reden konnte, und dabei sind Einsichten zur Sprache gekommen, die unabhängig von der Zeit, in der man lebt, gelten.

Cato wollte zurück nach Rom. Wir erhoben uns. In der Nacht zu reisen sei er gewohnt, sagte er. Wie diese Reise vom alten Rom in die Schweiz von heute überhaupt vonstattenging, hatten wir gar nicht besprochen. Ich vermute, er ist mit dem Internet gereist. Wie auch immer das gehen mag.

Vor der Tür umarmte mich Cato. Es war das erste Mal in meinem Leben, dass ich einen alten Mann umarmte. Wir gaben uns die Hand. Cato sah mich an und sagte zum Abschied: »Das war es, was ich über das Alter zu sagen hatte. Mögest du zu ihm gelangen, damit du das, was du von mir gehört hast, durch die Erfahrung der Wirklichkeit gutheißen kannst.«

Ich wollte noch sagen: Aber ich bin doch längst im Alter angekommen. Da wurde mir bewusst, dass ich keineswegs längst, sondern just in diesem Moment angekommen war. Da war Cato schon weg.[14]

Ich bin ein Mensch

Ich bin ein Mensch. Ich habe das schriftlich und mündlich. Von wem? Von Politikern, denn die sagen: »Wir müssen uns um die Menschen kümmern.« Das klingt so, als würde ein Bauer sagen: »Ich muss mich um meine Schweine kümmern.«
Politiker sind also andere Wesen als wir Menschen, die Nicht-Politiker. Ist es die Sprache der Politiker, über die schon lange Zeit Klage geführt wird, oder ist es mehr?

Die Bundeskanzlerin sagt: »Wir müssen die Sorgen der Menschen ernst nehmen.« Und fügt hinzu: »Sorgen muss man ernst nehmen, egal wo sie auftauchen.« Dies ist eigentlich ein Satz aus der therapeutischen Praxis. Ich will aber nicht therapiert werden, ich verlange Entscheidungen von den Politikern, die meine Sorgen mildern oder gar verändern.

Wie weit das mit den Menschen geht, zeigt die Rede des ehemaligen Parteivorsitzenden Martin Schulz auf dem Parteitag vom 7. Dezember 2017, in der er neunundvierzigmal die »Menschen« genannt hat. Zum Schluss meinte er, man müsse mit den Menschen reden, um zu hören, was sie bewegt. Ich bin Schulz dankbar, dass ich ihm sagen darf, was mich bewegt. Noch dankbarer wäre ich allerdings, wenn ich zu »den Menschen draußen im Lande« (Originalton Helmut Kohl) gehören würde. Dann wäre ich auf der nächsten Stufe Mensch. Was aber leider nicht der Fall ist, denn ich wohne in einer Stadt, in Berlin. Aber ein Mensch bin ich auf alle Fälle, ich bin ja kein Politiker.

Warum sagen die Politiker nicht, wir müssen uns um die Bürger kümmern? Weil »Mensch« geschlechtsneutral ist? Hängt das mit der Gender-Diskussion zusammen? Viele wundern sich, dass die Menschen, nein, die Bürger, wenig Vertrauen in die Politik haben. Hängt das vielleicht mit der Sprache zusammen? Oder mit dem Denken, das zu dieser Sprache führt? Man sollte sorgfältig mit Worten umgehen und den Wert des Wortes achten. Demokratie ist, wenn mit Worten gerungen wird. Wenn die Bundeskanzlerin als Physikerin im Hinblick auf Diskussionen über Öffnungsmaßnahmen in Corona-Zeiten mit dem Wort »Orgie« hantiert, führt das in die falsche Richtung.

DDR: Ich soll Minister werden

In Berlin komme ich manchmal an Resten der Berliner Mauer vorbei. Dann erinnere ich mich an die DDR, die für das Geschäft bei Dürr eine große Rolle gespielt hat. Begonnen hatte es 1963 in Eisenach, beim Besuch des dortigen Wartburg-Werks. Man wollte dessen Lackiererei modernisieren, hatte aber wenig Devisen. Wir machten einen Vorschlag, dies in Kooperation mit DDR-Betrieben zu realisieren, und bekamen den Auftrag.

Mit dem Werkleiter des Wartburg-Werks, einem Volkskammer-Abgeordneten, bestand bald eine fast persönliche Beziehung, in der auch politische Fragen diskutiert werden konnten. Durch die Gespräche mit ihm lernte ich die DDR und das dort herrschende System besser kennen. Einmal fragte ich den Werkleiter, warum seine Leute in den verschiedenen Abteilungen Overalls in unterschiedlichen Farben, also Rot, Gelb, Blau, trugen. »Wir wollen sichergehen, dass die Leute an ihrem zugewiesenen Arbeitsplatz arbeiten und nicht in der Fabrik herumrennen. An den unterschiedlichen Farben der Anzüge sehe ich, ob sie in der richtigen Abteilung arbeiten.«

»Wissen die Arbeiter denn nicht, dass ihnen der Betrieb gehört, Volkseigentum ist? Sie müssen doch das Beste geben für ihren Betrieb?«, fragte ich nach.

Der Werkleiter zuckte nur mit den Achseln: »Wichtig ist für mich, dass der Produktionsplan eingehalten wird.«

Das Projekt in Eisenach war ein Erfolg. Später lieferten wir alle Lackieranlagen für den Automobilbereich in der DDR.

Ich hatte auch Gelegenheit, mit DDR-Spitzenleuten über das Ende der 60er-Jahre von der SED angestoßene Neue Ökonomische System (NÖS) zu diskutieren, bei dem es darum ging, ob auch besitzende Unternehmer, also Mittelstand, zugelassen werden sollte. Dieser Ansatz wurde dann von den Sowjets verworfen, und der Stalinist Honecker trat die Nachfolge von Walter Ulbricht an. In einem Treffen 2018 mit früheren VEB-Direktoren, bei dem es um das Thema Planwirtschaft ging, brachte ich das NÖS ins Spiel. Da meinte ein Altvorderer: »Wenn wir das damals durchgesetzt hätten, dann hätten wir die Wiedervereinigung nicht gebraucht.« Na ja.

Am 9. November 1989 fiel die Mauer. Darauf hatte schon früher manches hingedeutet. An Weihnachten 1988 saß ich mit Monteuren der Firma Dürr zusammen, die beim Trabantwerk in Zwickau arbeiteten und mir erzählten, wie schwierig die Lage dort war: kaum noch Material, keine Ersatzteile, verbitterte Leute. »Spätestens in einem Jahr kommen die alle rüber und wollen die D-Mark«, prophezeite damals ein erfahrener Dürr-Mitarbeiter.

Am 6. November 1989, also drei Tage vor dem Mauerfall, hatte ich im *Spiegel* einen Aufsatz veröffentlicht, in dem ich mich mit der Situation in der DDR beschäftigte. Unter der Überschrift »Was man tun könnte« schrieb ich unter anderem[15]:

In der DDR ist ein Modellwechsel angesagt, aber nicht das Kopieren bundesdeutscher Verhältnisse. Wir sollten uns weder als reiche Onkel noch als Verkünder einer Heilslehre aufspielen. Zum Modellwechsel gehört auch zu sagen, dass Wohlstand nicht über Nacht kommt, sondern dass davor sehr schmerzhafte Härten liegen, die vom Abbau der unbeweglichen und überbesetzten Staatsapparate bis zur Übergangsarbeitslosigkeit reichen. Gebraucht werden Unternehmer, die nicht das schnelle Geld machen wollen, eine Infrastruktur mit einer dienenden Bürokratie statt einer bestimmenden, selbstherrlichen, ein durchschaubares Steuersystem, das dem Staat die Mittel verschafft, die er zum Ausbau der Infrastruktur und für soziale Ausgleichsmedien braucht, freie Preisbildung, eine konvertible Währung und Privateigentum. Die alles erdrückende Krake Planwirtschaft muss weg. Dann kann es deutsch-deutsche Gemeinschaftsunternehmen und vielfältige Formen der Zusammenarbeit geben. Die Politik muss hier die Führung übernehmen und einen gesellschaftlichen

Konsens erarbeiten. Dazu gehört, den Menschen im Westen zu sagen, dass dies geschichtlich einmalige Experiment große Chancen, aber auch Risiken und finanzielle Belastungen mit sich bringt. Ehrlichkeit gegenüber allen Beteiligten ist die Grundvoraussetzung für Akzeptanz und Erfolg.

Dass sich das Experiment dann in eine etwas andere Richtung, nämlich Treuhand und Privatisierung entwickelte, konnte ich mir damals nicht vorstellen.

Nach dem Mauerfall fuhr ich sofort in die DDR und besuchte als AEG-Chef die früheren Betriebe des Konzerns. Die AEG hatte im Zweiten Weltkrieg 90 Prozent ihrer Betriebe in Ostdeutschland verloren. Es gab genügend Projekte der Zusammenarbeit.

Dann trat ein Ereignis ein, das mich ganz persönlich betraf. Am 18. März 1990 sollte die letzte Volkskammerwahl der DDR stattfinden.

Eine Woche vorher erhalte ich einen Anruf von Hans-Jochen Vogel, dem damaligen SPD-Vorsitzenden. Er fragt mich, ob ich bereit wäre, in der Regierung mitzuarbeiten, wenn es nach dem 18. März zu einer breit angelegten Koalition unter der Führung der DDR-SPD kommen würde.

Ich bin naturgemäß ziemlich überrascht, sage aber, ich hielte es nicht für ausgeschlossen. Es käme auf die Rahmenbedingungen an. Das wolle er mit mir und seinen Kollegen, insbesondere mit dem als Ministerpräsidenten vorgesehenen Ibrahim Böhme, besprechen, meinte Vogel. Die Themen Wirtschaft und Währung seien entscheidend für die Zukunft der DDR, und hierbei einen Mann wie mich einzubinden, sei für die Menschen in der DDR »ermutigend«. Ich frage noch: »Und warum nehmen Sie keinen aus Ihrer Partei?« Das sei ja gerade der Reiz, einen Parteilosen zu nehmen. »Aber ich bin doch Mitglied der CDU«, entgegne ich. »Das ist kein Problem, da rede ich mit Helmut Kohl. Ihre Mitgliedschaft kann ja ruhen.«

Anschließend fahre ich zu einer Tagung der AEG, aber meine Gedanken kreisen um den Anruf von Hans-Jochen Vogel. Hatte er meinen Artikel im *Spiegel* im Sinn, in dem ich über die Chancen, die DDR-Wirtschaft zu modernisieren, gesprochen hatte? Bohrende Fragen beschäftigen mich. Kann ich jetzt die AEG im Stich lassen? Was erwartet mich in der DDR? Was kann ich dort überhaupt bewegen? Ein Stück Hoffnung mitbringen, wie Vogel meint, genügt ja wohl nicht.

Ich spreche mit meinem Vorstandsvorsitzenden, dem Daimler-Chef und Sozialdemokraten Edzard Reuter, der meint: »Das ist eine Sensation.« Es sei schon eine sehr interessante Aufgabe, da könne man ja etwas bewegen. Meine Erfahrung als Konzernmann und Mittelständler sei dabei sicher hilfreich.

Zu Hause habe ich Zeit, über das Angebot von Vogel nachzudenken. Meine Frau hat Zweifel, aber meine Töchter finden die Idee spannend.

Am Sonntag, den 18. März 1990, also am Wahltag, fliege ich nach Berlin zu dem Gespräch mit Hans-Jochen Vogel und Ibrahim Böhme. Wir treffen uns in dem Wahlbüro von Vogel in Neukölln. Ein nüchterner Raum, keine Bilder, spießige Möbel.

Ibrahim Böhme ist ein eher schüchterner Mann, er entschuldigt sich mehrfach, dass er überhaupt da ist. Aber er wirkt eigentlich nicht unsympathisch, und ich habe den Eindruck, dass er schon weiß, was er will. Er ist kein Machtmensch, wie wir ihn uns vorstellen. Böhme fragt mich, ob ich mit einem Sozialdemokraten als Finanzminister zusammenarbeiten könne. Wichtig sei ihm (und Vogel) vor allen Dingen, dass ich mir Helmut Schmidt als Berater vorstellen könne. Kein Problem. Er nennt auch Biedenkopf und Kanzleramtsminister Schäuble als Beteiligte. Dann fragt er mich, wie ich zu den Gewerkschaften stehe, er habe gehört, die IG Metall fände mich ja gut. Stimmt, da habe ich Kenntnisse. Wir reden über eine konzertierte Aktion. Von Wirtschaft habe er kaum Ahnung, auch mich und meine Arbeit würde er kaum kennen. Vogel begründet dann noch mal, warum ich der richtige Mann für den Posten des Wirtschaftsministers der DDR sei, hebt mehrfach darauf ab, welche Signalwirkung das hätte. »Obwohl ich ein echter Kapitalist bin?«, wende ich ein. Da meint er: »Das macht nichts.«

Böhme, der einmal erwähnt, dass er ein Hegelianer sei, sitzt auf dem geblümten Sofa in Vogels Bürgertreffbüro. Irgendwie kommt mir das alles sehr bürgerlich vor, aber doch erregend, da ja häufig in solchen Räumen politische Umsturzpläne geschmiedet worden sind. Böhme bemerkt noch, dass ich eine Doppelstaatsbürgerschaft bekäme. Und bei der Verabschiedung sagt er: »Ich würde gerne ein paar Jahre mit einem Kapitalisten zusammenarbeiten. Ich wünsche Ihnen gute Gesundheit.« Vogel zeigt beim Hinausgehen mit dem Daumen nach oben.

In der PanAm-Lounge habe ich vor dem Abflug nach Frankfurt ein letztes Mal Zeit, über den Vorschlag von Vogel nachzudenken. Sicher eine große Aufgabe. Und ich denke an die geschichtliche Parallele mit Walther Rathenau, dem AEG-Chef, der Außenminister der Weimarer Republik wurde.

Alles hängt von dem Ergebnis der heutigen Wahl ab. Vogel hatte zum Schluss noch die »Façon de parler« festgelegt: »Böhme hat mit einigen BRD-Managern gesprochen, um sich Rat zu holen. So auch mit Ihnen, vor allem wegen Ihrer Erfahrungen mit DDR-Betrieben und wegen der AEG-Sanierung.«

Wir landen in Frankfurt. Dann die Durchsage des Kapitäns: »Die Wahl in der DDR hat die Allianz der CDU gewonnen. Klarer Sieg der Konservativen.«

Also konnte ich an meinem auch nicht ganz einfachen Thema AEG arbeiten.

Zwei Wochen später wird Ibrahim Böhme als informeller Mitarbeiter IM enttarnt. Er hat bis zu seinem Lebensende die Stasi-Tätigkeit geleugnet.

Eine Frage bleibt: Wie werden eigentlich Personalent-
scheidungen für Spitzenpositionen in der Politik getroffen? Genau hingesehen haben Hans-Jochen Vogel
und seine Leute wohl nicht.

Ich wäre nur sieben Monate Minister gewesen. Am
3. Oktober 1990 wurde die Wiedervereinigung gefei-
ert.

Die ehemalige DDR habe ich später als Chef der
Reichsbahn näher kennengelernt. Ich habe die neuen
Bundesländer besucht, die Bahnhöfe und Betriebs-
werkstätten besichtigt und mit vielen Mitarbeitern
geredet. Dabei habe ich viel über die politische Vergangenheit erfahren.

So mussten die Mitarbeiter der Reichsbahn, insbesondere die Führungskräfte, eine Erklärung unterschreiben, in der sie folgende Fragen beantworten mussten:

1. Ich war nie für das MfS tätig.
2. Ich war für das MfS hauptamtlich/nebenamtlich
   tätig. Von ... bis ...
3. Ich war von ... bis ... Soldat beim Wachregiment
   »F.D.«
4. Ich verweigere die Beantwortung der Frage.

Am Schluss hieß es: Nichtzutreffendes bitte streichen.
Fast alle Mitarbeiter hatten alle Fragen außer der ersten Frage gestrichen. Als ich die Führungskräfte der
Reichsbahn nach dieser Erklärung fragte, sagten sie
nur, man hätte ihnen gesagt, die Stasi-Akten seien in

der Modrow-Zeit »bereinigt« worden. Was jedoch nicht der Fall war, denn man fand Kopien.

So musste ich mich als Reichsbahnchef mit der Abarbeitung der Vergangenheit beschäftigen. Die Unterlagen über Mitarbeiter der Zentrale kamen direkt auf meinen Tisch. Sie enthielten auch die handgeschriebene »Verpflichtung« des Mitarbeiters, wo geschrieben stand: »Ich verpflichte mich, mit dem MfS im Kampf gegen die Feinde unserer sozialistischen DDR inoffiziell zusammenzuarbeiten« und so weiter, bis es am Ende hieß: »Als Decknamen wähle ich den Namen ..., als Lösungswort wird folgende Frage vereinbart: Wie geht es Ihrer Tochter Angelika? Antwort: Ihre schulischen Leistungen liegen bei 1,5.«

Diesen Unterlagen lagen auch handgeschriebene Berichte der einzelnen IMs bei. Vor allem ging es meist um Aktivitäten, die mit Westdeutschland zu tun hatten. Es waren wirklich lächerliche Details. Das MfS war daran interessiert, Informationen zur Bundesbahn zu bekommen. Da hieß es in einer Anweisung: »Wenn sich objektiv die Möglichkeit ergibt, für uns wichtige operative Kontakte zu interessierendem Personenkreis, zum Beispiel der Sekretärin in der Bundesbahndirektion, zu bekommen, so haben Sie dies operativ durchzuführen.«

Ich lese viele solcher Berichte und frage mich, was in den Verfassern vorgegangen ist. Hatten sie Skrupel oder Angst? Hofften sie, dass ein paar Mark bei ihrer Tätigkeit herausspringen würden? (In den Akten waren Quittungen abgeheftet.) In persönlichen Gesprächen versuchte ich, hinter die Beweggründe der Leute zu kommen. »Herr Vorsitzender«, sagte mir einer von ihnen, »Sie müssen das so sehen: Die, die von uns was wollten, waren eigentlich unsere Arbeitgeber. Wir wollten eigentlich nichts mit ihnen zu tun haben, aber unsere Arbeitsplätze hingen von ihnen ab. Nicht direkt, aber indirekt.« Ich fragte mich, ob es sich die Mehrheit der DDR-Bürger in diesem System des »Give and Take« bequem, vielleicht zu bequem gemacht hatte?

Wenn ich heute die Diskussion über Ossis und Wessis und ihre jeweiligen Einstellungen verfolge, dann weiß ich, dass uns diese Auseinandersetzung zur Vergangenheitsbewältigung noch lange beschäftigen wird.

Bahnhof Grunewald

Immer wieder stoße ich bei meinen Erinnerungen auf meine Zeit bei der Bahn. Ein besonderes Erlebnis war die Begegnung mit dem Vorsitzenden des Zentralrats der Juden, Ignatz Bubis, im Jahr 1997 auf dem Bahnhof Grunewald.

Die Bahn plante ohne mein Wissen auf dem Gelände dieses Bahnhofs eine Werkhalle. Von dort waren die Deportationszüge nach Auschwitz abgefahren. Die Angelegenheit verursachte eine große Aufregung in den Medien, nicht zuletzt geschürt durch die direkten Anwohner, die das Vorhaben naturgemäß störte.

Ich rief Bubis an, und wir verabredeten uns zu einer Ortsbesichtigung unter Ausschluss der Öffentlichkeit. Es war ein nasskalter trüber Herbsttag. Als ich auf die Gleise trat, fragte ich mich, wie ich mich verhalten hätte, wenn ich damals Bahnchef gewesen wäre. Hätte ich auch die Züge nach Auschwitz fahren lassen? Das war ich schon einmal in einer Fernsehsendung gefragt worden, im Anschluss an eine Theateraufführung. Ich

173

gab damals die Antwort: »Als Bahnchef hätte ich gar keine Wahl gehabt, sonst wäre ich nicht mehr Bahnchef gewesen.« Es gab einen Aufschrei in der Sendung, dabei hatte ich nur das gesagt, was damals Realität war. Klaus Maria Brandauer, der in dem Theaterstück mitgespielt hatte, meinte nur: »60 Jahre später moralisch zu sein, ist mir zu einfach.«

Heute weiß ich, dass ich es mir mit meiner Antwort zu leicht gemacht habe. Niemand hätte mich ja gezwungen, Bahnchef zu werden. Und wenn ich mitbekommen hätte, zu welchem Zweck die Züge nach Auschwitz fuhren, hätte ich ja zurücktreten können. Heute wissen wir, »dass ohne die Reichsbahn die industrielle Ermordung von Millionen von Menschen nicht möglich gewesen wäre«[16].

Als ich jetzt mit Bubis über die Gleise stieg, sah ich vor meinem inneren Auge die Menschen die Rampe hinaufgehen, mit ihrem letzten Gepäck. Ich fragte mich, was die Anwohner des Bahnhofs Grunewald wohl damals gesagt, getan und gedacht hatten. Sie hatten das ja alles mitbekommen. Waren das alle Unterstützer des Systems gewesen?

Mit Bubis sprach ich nicht darüber. Wir gingen über das Gelände, die stillgelegten Gleise, die von Sträuchern und kleinen Bäumen überwachsen waren, sahen die verfallenen Baracken, in denen das SS-Wachpersonal untergebracht war.

Wir waren uns schnell einig, keine Halle, sondern eine Gedenkstätte zu errichten und dafür einen Wettbewerb auszuschreiben. Nach dem Rundgang tranken wir zusammen einen Kaffee, und Bubis erzählte von seiner Jugendzeit: Sein Vater war im Vernichtungslager Treblinka umgebracht worden, und auch zwei seiner Geschwister waren dem Naziterror zum Opfer gefallen. Er selbst war in ein Arbeitslager nach Tschenstochau deportiert und dort von der Roten Armee befreit worden. Er sagte das ohne Verbitterung. Es habe im Lager auch helle Momente gegeben. Ein Märchenerzähler hätte die Kinder unterhalten. Als der eines Tages nicht mehr gekommen sei, hätte man ihnen gesagt, er sei jetzt im Himmel.

Und dann fragte mich Bubis: »Und wie war Ihre Jugend?«
»Ich war als Junge in der NAPOLA«, sagte ich und erzählte von meinen damaligen Erfahrungen, von der dort herrschenden Disziplin, den Geländespielen, aber auch von den Fliegerangriffen auf unsere Schule und der Indoktrination durch die Nazis. Bubis hörte interessiert zu, stellte aber keine Fragen. Es war eine eigenartige Situation: Da saßen zwei Männer, beide etwa gleich alt, friedlich beim Kaffee zusammen und redeten über ihre Jugend, die unterschiedlicher nicht hätte sein können. Zwei Deutsche unterschiedlichster Herkunft. Jetzt hatten wir ein gemeinsames Projekt und verstanden einander.

Wenn ich heute, im Jahr 2020, an dieses Gespräch denke, kommen mir die furchtbaren Terroranschläge von Hanau und Halle in den Sinn. Wir haben immer noch ein Naziproblem in Deutschland. Es wird wieder von »Umvolkung« gesprochen, und es gibt eine Partei, deren Mitglieder man Nazis nennen darf und die sich auch entsprechend äußern. Haben wir nichts aus unserer Geschichte gelernt? Bei dem freundlichen Zusammentreffen mit Ignatz Bubis waren wir uns einig, dass die schrecklichen zwölf Jahre Vergangenheit endgültige und überwundene Vergangenheit waren. Sollten wir uns getäuscht haben? Ich weiß nur so viel: Wir müssen alle sehr wachsam sein.

Bei dem Wettbewerb entschieden wir uns am Ende nicht für eine eher theatralische Installation mit Viehwagen und Wachturm und auch nicht für eine Wand mit den Namen aller Deportierten, sondern für schlichte Metallplatten links und rechts vom Gleis 17, in die die Nummern aller Züge und die Anzahl der darin deportierten Juden eingeprägt waren. »Von diesem Gleis soll nie wieder ein Zug abfahren«, sagte ich bei der Enthüllung der Gedenkstätte am 27. Januar 1998. Wolf Biermann schrieb im gleichen Jahr das Gedicht »Güterbahnhof Grunewald«:

> *Dann fahren wir raus in Grunewald am*
> * Güterbahnhof*
> *kann ich dir ein Denkmal zeigen wie ich nie*
> * eins besser sah*

Kein Kein-Ort sondern All-Ort für Familie
Jedermann
Statt Völkermord sagt man hier Holocaust für
die Shoa.

Die Gedenkstätte wird von vielen Leuten besucht, ich selbst war mehrfach dort. Hin und wieder werden dort Gedenkveranstaltungen durchgeführt. Die Deutsche Bahn kümmert sich auch heute noch um Gleis 17 am Bahnhof Grunewald.

Der Ehrbare Kaufmann und die Finanzwelt

Wenn ich mich mit der Finanzwelt beschäftige, kommt mir immer auch der »Ehrbare Kaufmann« in den Sinn, von dem viele sagen, es gäbe ihn nicht mehr. Insbesondere wenn man sich anschaue, was in der Finanzwelt so passiere.

Der Ehrbare Kaufmann geht zurück auf Luca Pacioli, einen Franziskanermönch, Mathematikprofessor und Freund Leonardo da Vincis. Pacioli schrieb 1494 das Werk »Tractatus XI. Particularis de computis et skripturis« (Abhandlung über die Buchhaltung), in dem er in 36 Kapiteln die doppelte Buchführung beschrieben hat.

Im ersten Kapitel seiner Abhandlung heißt es, dass *drei Dinge notwendig sind, wenn man mit gebührendem Fleiß Handel betreiben will. Das wichtigste davon ist das bare Geld und jede andere Vermögenssubstanz, nach dem Spruch des Philosophen, irgendetwas Vermögen ist notwendig.*

Und damit alles in Ordnung ist, heißt es: *Und so be-*
kräftigen sie ihre Eide, indem sie sagen, bei der Ehre
eines wahren Kaufmanns (Per fidem bonae et fidelis
mercatoris).

In weiteren Kapiteln wird dann ausgeführt: *Die zweite*
zum Handeln notwendige Voraussetzung ist, dass man
ein guter Rechner und geschickter Buchhalter sei. Die
dritte und letzte notwendige Bedingung ist, dass man
mit schöner Ordnung alle seine Geschäfte in gebüh-
render Weise einträgt, damit man in aller Kürze von
jedem Kenntnis haben kann, sowohl von den Schulden
als auch von den Guthaben, denn auf anderes erstreckt
sich das Geschäft nicht.
Weiter schreibt Pacioli: *Das Ziel eines jeden Kauf-*
manns ist die Erwerbung eines erlaubten und ange-
messenen Gewinns für seinen Unterhalt, daher müssen
die Kaufleute ihre Geschäfte immer im Namen Gottes
beginnen und im Anfang aller ihrer Aufzeichnungen
seinen heiligen Namen im Sinn haben.

Aber was lässt Gott zu? 15, 25 oder 40 Prozent Rendite auf das eingesetzte Kapital? Hätte er gewollt, dass
US-Banker Dividenden aus den Staatshilfen zahlen?
Luca Pacioli vergleicht den Kaufmann mit dem *Hahn,*
der unter den anderen Tieren das wachsamste ist und
im Winter wie im Sommer seine Nachtwachen hält
und niemals dabei ruht.
Der Ehrbare Kaufmann ist also der allsorgende Unternehmer.

Aber auch damals schon wurde Missbrauch beobachtet. So heißt es: *Denn es gibt viele, die ihre Bücher doppelt führen und das eine dem Käufer, das andere dem Verkäufer zeigen und, was noch schlimmer ist, bei ihnen hoch und teuer schwören. Wie schlimm sie handeln!*

So weit Luca Pacioli im Jahre 1494.

Wie schlimm ist es im Jahr 2020? Was ist los mit der Finanzwirtschaft? Werden die Bücher wirklich sauber geführt, und können die Banker einen Eid schwören, dass alles in Ordnung ist?

Nehmen wir den Fall Cum-Ex-Geschäfte: Manche ließen sich vom Finanzamt die einbehaltene Kapitalertragsteuer zweimal ausbezahlen. Der Schaden für den Staat, am Ende für den Steuerzahler, beläuft sich auf mindestens 55 Milliarden Euro. Wer hat da eigentlich etwas gewusst im Finanzministerium? Gab es keine Prüfungen? Das BaFin greift doch sonst bei den kleinsten Verfehlungen am Kapitalmarkt durch.

Mir scheint, irgendwie ist die Ordnung verloren gegangen. Und zwar in dem Augenblick, als sich die Finanzwelt von der realen Wirtschaft gelöst hat, um die es beim Ehrbaren Kaufmann geht.

Ich habe mich zeit meines Lebens über die Finanzwelt gewundert. Ich erinnere mich an das Jahr 2008, als in den USA eine Bank Pleite machte und meine Firma daraufhin 40 Prozent weniger Umsatz erzielte und in die roten Zahlen rutschte.

Was war passiert? Die US-Regierung war der Auffassung, jeder solle sich eigenen Wohnbesitz leisten können, und die Banken, so weiterhin die Vorstellung der Regierung, sollten das finanzieren. Was diese auch großzügig und mit gutem Gewinn taten. Als aber dann viele Schuldner ihren Kredit nicht mehr zurückzahlen und die Zinsen nicht bedienen konnten, war der Schlamassel da. Am zur Verfügung stehenden Geld konnte es eigentlich nicht liegen: Immerhin war die weltweite Geldmenge zigmal größer als das, was die Realwirtschaft für ihren Betrieb brauchte.

Auch heute ist genügend Geld da, aber was hat der einzelne Geldbesitzer davon? Ich lese in einer Tabelle, was im Jahr 2019 aus 100 000 angelegten Euro wurde: Einer, der ein Depot mit Aktien hat, erreicht ein Plus von 24 Prozent, einer, der 100 000 Euro auf sein Sparbuch legt, konnte hingegen gar nichts verdienen – im besten Fall, denn es gibt ja Minuszinsen, von den Banken freundlicherweise als »Verwahrungsgeld« bezeichnet.

Wie kam es eigentlich zu dieser gigantischen Aufblähung der Geldmenge? Eine Antwort finde ich in Goethes »Faust«. Im ersten Akt des zweiten Tragödienteils wird die Erfindung des Papiergeldes dargestellt. Die Lage ist besorgniserregend, es droht der Staatsbankrott. In der Kaiserpfalz hat der Kaiser seine Getreuen um sich versammelt und spricht von seiner Sorge. Die Minister ergreifen der Reihe nach das Wort und überbringen deprimierende Nachrichten aus ihren Ressorts. Der Schatzmeister schließt mit der Feststellung:

Ein jeder kratzt und scharrt und sammelt,
Und unsere Kassen bleiben leer.

In diesem Moment größter Ratlosigkeit tritt Mephisto auf, der den alten Hofnarren ersetzt hat. Der Kaiser ruft:

Sag, weißt du Narr nicht auch noch eine Not?

Aber Mephisto weiß Rat. Zunächst schildert er die Lage:

Wo fehlt's nicht irgendwo auf dieser Welt?
Dem dies, dem das, hier aber fehlt das Geld.
Vom Estrich zwar ist es nicht aufzuraffen;
Doch Weisheit weiß das Tiefste herzuschaffen.
In Bergesadern, Mauergründen
Ist Gold gemünzt und ungemünzt zu finden,
Und fragt ihr mich, wer es zutage schafft:
Begabten Manns Natur – und Geisteskraft.

In der Folge erläutert Mephisto jene »Weisheit«, die leeren Staatskassen auf unkonventionelle Weise wieder zu füllen, und behauptet zur Überraschung der versammelten Regierung, es sei möglich, Geld gleichsam aus dem Nichts zu schaffen. Ganz gleich, was die Sanierung des Haushalts auch kosten möge, das dafür benötigte Geld werde jederzeit fließen. Als Deckung der neuartigen Geldschöpfung sei lediglich anzunehmen, dass in »Bergesadern, Mauergründen«, also im ohnehin dem Staat gehörenden Boden, Gold zu finden sei.

Noch bevor es zur kritischen Überprüfung der von Mephisto behaupteten Bodenschätze kommen könnte, beginnt ein chaotisches Karnevalstreiben. Im allgemeinen Trubel setzen Faust und Mephisto unbemerkt die Notenpresse in Gang. Schon am nächsten Morgen teilt der Kanzler, einen Papiergeldschein in der Hand haltend, der staunenden Öffentlichkeit mit:

So hört und schaut das schicksalsschwere Blatt,
Das alles Weh in Wohl verwandelt hat.

Daraufhin verliest er den auf die Banknote gedruckten Text, der mit der Unterschrift des Kaisers versehen ist:

Der Zettel hier ist tausend Kronen wert.
Ihm liegt gesichert, als gewisses Pfand,
Unzahl vergrabnen Guts im Kaiserland.
Nun ist gesorgt, damit der reiche Schatz,
Sogleich gehoben, diene zum Ersatz.

Die Zweifel, die sich beim Kaiser ob des unverhofften Geldsegens melden – *Ich ahne Frevel, ungeheuren Trug!* –, werden umgehend beschwichtigt. Ohnehin lässt sich die Einführung des neuen Papiergelds nicht mehr zurücknehmen. In größter Schnelligkeit haben Faust und Mephisto vollendete Tatsachen geschaffen. Die neuen Geldscheine wurden

in dieser Nacht
Durch Tausendkünstler schnell vertausendfacht

und sofort in Umlauf gebracht:

Unmöglich wär's, die Flüchtigen einzufassen;
Mit Blitzeswink zerstreute sich's im Lauf.

In der Tat springt die Konjunktur nach der gewaltigen Geldspritze wieder kräftig an. Freilich beschränkt sich der Aufschwung allein auf die Binnennachfrage nach Verbrauchsgütern. Ein ungezügelter Konsum scheint in Fahrt gekommen zu sein, bei dem man *sich nach Lust in Lieb' und Wein berauschen* kann. Begeistert ob des genialen Auswegs aus der Finanzkrise, führt der Kaiser daraufhin Faust und Mephisto in ihre neue Funktion als Banker ein. Der »Schatzmeister« (Finanzminister) ist beglückt, mit derart spendablen Bankern zusammenarbeiten zu dürfen, die unbegrenzte Liquidität versprechen. Überschwänglich begrüßt er Faust:

Soll zwischen uns kein fernster Zwist sich regen,
Ich liebe mir den Zaubrer zum Kollegen.

Allerdings stellt sich bald heraus: Die Flutung des Marktes mit den in riesigen Mengen gedruckten »Zauberblättern« des Papiergelds hat lediglich ein konjunkturelles Strohfeuer entfacht, ehe sich die neue Währung als schiere Luftbuchung erweist. Schnell zerplatzen die Blasen. Denn offenbar ging mit der grenzenlosen Geldschöpfung keinerlei reale Wertschöpfung einher.

Die gigantische Geldmenge hat sich von der ökonomischen Wirklichkeit vollkommen entkoppelt, während der Schuldenberg ins Unermessliche gewachsen ist.

Zu diesem Zeitpunkt der nun mit ungleich größerer Zerstörungskraft zurückkehrenden Krise haben Faust und Mephisto den Schauplatz ihrer windigen Finanzoperationen längst verlassen. Unverblümt schildert Mephisto später die fatalen Folgen ihrer Finanzmanipulationen, die als das genaue Gegenteil der soliden Geschäfte eines Ehrbaren Kaufmanns anzusehen sind.

Indes zerfiel das Reich in Anarchie
Wo Groß und Klein sich kreuz und quer befehdeten
Und Brüder sich vertrieben, töteten …
Was sich nur ansah, waren Feinde.
In Kirchen Mord und Totschlag, vor den Toren
Ist jeder Kauf- und Wandersmann verloren.
Und allen wuchs die Kühnheit nicht gering;
Denn leben hieß sich wehren …

Ein solch dramatisches Krisenszenario ist für uns nicht vorstellbar. Aber was ist, wenn die Corona-Krise noch lange Zeit andauert? Wenn jeder nur sich selbst der Nächste ist? Noch haben wir Zeit, das abzuwenden. Es gibt allerdings schon Übereinstimmungen zwischen unserer gegenwärtigen Krise und der maßlosen Geldschöpfung von Faust und Mephisto. Die Bundesregierung »wehrt« sich ja schon und spannt einen Rettungsschirm von vielen Milliarden Euro auf, um Unternehmen bei unverschuldeter Liquiditätsenge mit drohendem Verlust von Arbeitsplätzen zu helfen. Woher kommt dieses Geld?

Heute, im Jahr 2020, übernehmen die Zentralbanken die Geldbeschaffung. Goethes Faustdrama vor Augen, gewinnt man unwillkürlich den Eindruck, dass sich die Zentralbanken bei ihren gegenwärtigen Finanzoperationen am »Bankhaus Faust, Mephisto & Co.« orientieren. Produzieren sie doch unbegrenzt neues Geld, »Zauberblätter« gewissermaßen. Ob freilich die konkrete Wertschöpfung mit der uferlosen Geldschöpfung der Zentralbanken Schritt halten kann, ob sich nicht die Finanzwelt längst von der ökonomischen Realität entfernt hat, das sind die drängenden Fragen unserer Zeit. Mario Draghi, der ehemalige Präsident der Europäischen Zentralbank (ein früherer Goldman-Sachs-Manager) trieb es mit der Aussage »whatever it takes« auf die Spitze. Mit »it« meinte er wohl den Kapitalmarkt, also die Börse, und die ist heute in der Hand von Hedgefonds, also ausgesprochenen Gewinnmaximierern, die nur Wert auf kurzfristige Rendite legen.

Wenn ich dann lese, dass Fondsmanager mehr als eine Milliarde US-Dollar in einem Jahr verdienen, frage ich mich: Leben wir noch in einer realen Welt? Für welche Verdienste werden sie bezahlt? Dass sie richtig spekulieren? Ist es das System, das solches Tun mit fremdem Geld besonders gut bezahlt, oder ist es reine Geldgier? Mich wundert nur, dass die Geldgeber dabei mitmachen.

Das größte Problem unserer gegenwärtigen Finanzwelt ist die Kurzlebigkeit mancher ihrer Geschäfte, die gleichsam nach der Art Faust-Mephistos über Nacht / Durch Tausendkünstler schnell vertausendfacht werden sollen. Die Schnelligkeit, so bereits Goethes vorausahnende Diagnose, ist das charakteristische Kennzeichen solcher Finanzaktionen. Wenn im Handel mit Computern Gewinne oder Verluste in Tausendsteln von Sekunden gemacht werden, hat das mit Nachhaltigkeit nichts zu tun (und schon gar nichts mit realer Wertschöpfung).
Und damit bin ich wieder beim Ehrbaren Kaufmann, denn der wirtschaftet nachhaltig. Er möchte langfristigen wirtschaftlichen Erfolg haben, ohne den Interessen der Gesellschaft entgegenzustehen.

Steht der Ehrbare Kaufmann im Gegensatz zum modernen Banker? Ich glaube nicht, sofern der Satz gilt:

»Bankgeschäft ist mehr als Geld verdienen.« So hat es einmal Heinrich Haasis, der Präsident des deutschen Sparkassen- und Giroverbandes ausgedrückt. Und es gibt genügend Banker, die nach diesem Motto leben und arbeiten. Sie handeln nach den Empfehlungen des Institute of International Finance, einer Vereinigung führender internationaler Finanzhäuser, die da lauten:

Banken sollen ein seriöses Risikomanagement betreiben, für das der Vorstand die Verantwortung trägt. Banken sollen ihre Zahlungsfähigkeit sichern. Erfolgsabhängige Boni für Manager sollen sich am Erfolg des Unternehmens orientieren und mit den Interessen der Eigentümer im Einklang stehen. Solche Boni dürfen Managern keine *Anreize geben, überhöhte Risiken einzugehen. Kredite sollen nicht ohne Überprüfung des Kreditnehmers vergeben werden.*

Interessant ist, dass den Vorsitz dieses Instituts der frühere Deutsche-Bank-Chef Josef Ackermann innehatte. Ihn würde man heute gerne fragen: Hat sich die Deutsche Bank an diese Empfehlungen gehalten?
Hat der Kunde noch Vertrauen zu seiner Bank, wenn er nach einem Gespräch mit dem Bankmanager eine Geeignetheitserklärung unterschreiben soll, dass das alles so war wie besprochen? Gilt das gesprochene Wort nicht mehr?

Naturgemäß kann es ohne eine funktionierende Finanzwirtschaft keine positive Entwicklung der Wirtschaft geben. Natürlich brauchen wir Banken. Aber wenn diese ihre gesellschaftliche Grundaufgabe, nämlich Dienstleister für die reale Wirtschaft zu sein, aus den Augen verlieren und wenn einzig nur noch auf kurzfristigen Profit geachtet wird, kommt es eben zu der Loslösung des Finanzsystems von der Realwirtschaft.

Richard von Weizsäcker brachte es einmal auf den Punkt: »Der Ehrbare Kaufmann ist kein ethischer Sonderling, sondern einer, der seine Interessen vernünftig versteht.«

Der Ehrbare Kaufmann muss sich auch in einer globalisierten Wirtschaft in einem gnadenlosen Wettbewerb durchsetzen. Sich dabei immer ethisch zu verhalten, ist gar nicht einfach, aber der Ehrbare Kaufmann kennt den Satz: »So etwas tut man nicht.«

Dass dieser Satz auch seine Tücken hat, erfuhr ich bei einem Vortrag beim Studium generale in Tübingen. Nachdem ich über Unternehmensführung und Moral gesprochen hatte, ergab sich eine längere Diskussion. Am Ende stand eine ältere Dame auf und fragte: »Herr Dürr, können Sie in einem Satz zusammenfassen, was Moral ist?« Da die Diskussion schon einige Zeit gedauert hatte, war ich etwas genervt und meinte nur: »Es gilt: *So was tut man nicht.*« Die Dame meldete sich noch einmal zu Wort und sagte: »Jetzt müssen Sie mir nur noch sagen, was *so was* ist.«

Touché! Man sollte es sich nicht zu einfach machen. Ethik ist ein sehr komplexes Thema.

Epilog

Habe ich nach all den vorangegangenen Überlegungen eine Antwort auf die Frage »Alter Mann, was nun?« gefunden? Eigentlich schon. In den meisten Kapiteln wurde mir klar, was mich auch heute noch interessiert und womit ich mich beschäftigen sollte. Im Gespräch mit Cato dem Älteren gab es gute Ratschläge. Wenn ich mir die Liste meiner verbliebenen Mandate anschaue, dann gibt es genügend zu tun. Allerdings in anderer Form als in meinem Berufsleben, wo es immer um knallharte Entscheidungen und messbare Resultate ging. Mein Amt als Aufsichtsratsvorsitzender der Dürr AG habe ich mit 80 Jahren niedergelegt. Jetzt, als Ehrenvorsitzender des Aufsichtsrats, verfolge ich naturgemäß ziemlich intensiv, was in dieser Firma, die ich aufgebaut habe, passiert. Schließlich ist ihr Erfolg entscheidend dafür, ob es auch in Zukunft eine Firma mit dem Namen unserer Familie geben wird. Auch wenn ich weiß, dass alles einmal zu Ende geht, große Nationen, Institutionen, Firmen. Auch die Firma Dürr. Aber mit meinem Einsatz will ich das Ende möglichst lange hinausschieben. Dazu muss die Firma jung bleiben, immer zu Neuem bereit, nie satt sein. Ich bin sicher, dass der Vorstand unter der tatkräftigen Leitung von Ralf Dieter dies auch so sieht.

Wichtig ist mir meine Position als Aufsichtsratsvorsitzender bei der Heinz und Heide Dürr Stiftung. Diese Stiftung haben meine Frau und ich 1999 gegründet und mit einem Kapital von 2,4 Millionen Aktien der Dürr AG ausgestattet. Die Stiftung mit ihren drei Bereichen Wissenschaft, Bildung und Kultur macht mir viel Freude. Bei der Wissenschaft geht es um Neurologie, Energieeffizienz und Digitalisierung, bei der Bildung vor allem um die frühkindliche Erziehung mit dem Early-Excellence-Konzept, das ursprünglich aus Großbritannien kommt und mit dem wir erfolgreich sind. Immerhin orientieren sich schon fast 1000 Kindergärten an diesem Ansatz, der vor allem die Eltern miteinbezieht, die ja oft nicht gelernt haben, wie man Kinder erzieht. Wie meine Frau Heide sagt: »Für alles braucht man einen Führerschein oder eine Genehmigung, nur bei der Kindererziehung kann jeder machen, was er will.«

Beim Bereich Kultur fördern wir vor allem das Sprechtheater, das mir persönlich sehr am Herzen liegt. Ich bin der Meinung: Theater ist Arbeit an der Gesellschaft. Wir unterstützen hier vor allem Autoren, die neue Stücke in diesem Sinne für das Theater schreiben.

Wichtig ist mir das Amt des Beiratsvorsitzenden beim Institut für Energieeffizienz in der Produktion (EEP). Dieses Institut hat sich als Schnittstelle zwischen Politik und Wirtschaft erfolgreich positioniert. Die Gespräche mit den Beiratskollegen sind sehr anregend. Bei den Start-ups kann ich mich unternehmerisch betätigen.

Die anderen Ämter sind weniger zeitaufwendig. Dass ich älter geworden bin, sieht man auch an dem Zusatz »Ehren-«. So bin ich Ehrenvorsitzender des Berlin Capital Club am Gendarmenmarkt, einem Businessclub, den ich mitgegründet habe und der heute 1600 Mitglieder hat, sowie bei dem Verein Baden-Württemberger in Berlin mit 600 Mitgliedern, der sich gern als kulturelle Speerspitze des Südwestens in Berlin sieht. Auch beim Deutschen Verkehrsforum bin ich Ehrenvorsitzender. Als Vorsitzender der Walther Rathenau Gesellschaft setze ich mich für eine Gesamtedition aller Werke des Namensgebers ein. Ein Projekt, das schon seit 1974 läuft. Dazu kommen Mitgliedschaften beim Wirtschaftsrat der CDU, bei den Freundeskreisen des Aspen Institute, der Komischen Oper, des Deutschen Theaters und so weiter. Als altgedienter Netzwerker kann ich oft helfen.

Ich halte auch heute noch hin und wieder Vorträge zu allen möglichen aktuellen Themen. Früher, in meiner aktiven Zeit, habe ich viele Reden gehalten. Mein Büro hat das einmal festgehalten: Seit 1975 waren es über siebenhundert. Dabei ging es mir auch darum, für meine Ideen und Projekte zu werben. So habe ich während meiner Zeit bei der Bahn über hundertmal vor Politikern, Eisenbahnern und Gewerkschaftern über die Bahnreform geredet. Bundeskanzler Kohl meinte bei meiner Verabschiedung: »Wie ein Wanderprediger.«

Bei meinen verschiedenen Aktivitäten treffe ich oft Leute, die jünger sind als ich und die sich (noch) nicht meine Eingangsfrage stellen. Das ist übrigens auch ein Grund, warum meine Frau und ich vor über 20 Jahren von Stuttgart nach Berlin gezogen sind. In Stuttgart wären wir meist mit Leuten zusammen, mit denen wir groß geworden sind und die so alt sind wie wir und eher nicht mehr viel zu sagen haben.

Bei meinen langen täglichen Spaziergängen, an die ich mich wie ans Zeitunglesen gewöhnt habe, komme ich manchmal an den Gebäuden der Freien Universität Berlin vorbei. In vielen Büros brennt abends noch Licht, und wenn ich dort junge Menschen vor ihrem Computer sitzen sehe, bin ich fast neidisch, da solche Arbeit für mich eigentlich vorbei ist. Aber ich freue mich immer über Begegnungen mit jungen Menschen, auch wenn ich nach kurzer Zeit feststelle, dass sie nicht das Gleiche umtreibt wie mich. Julian Barnes meint ja, es sei »unser Schicksal, dass wir im Alter das werden, was wir in der Jugend verachtet haben«.[17] Das stimmt bei mir nicht. Was mein Vater gemacht hat, habe ich nie verachtet.

Ich frage mich auch: Wie altert man eigentlich? Und lasse es mir vom Genetiker Sebastian Grönke erklären: Mit jedem Jahr schrumpft das Gehirn, man verliert Sehkraft, Hörvermögen und Reaktionsfähigkeit und vor allem Gedächtnis. Das Erinnerungsvermögen nimmt schon mit 50 ab. Grund dafür sind Veränderungen der Zellen im Gehirn, gegen die wir wenig tun können. Der Mensch beginnt zu altern, sobald er ausgewachsen ist. Ab 50 geht's eigentlich schon abwärts. Aber Maßnahmen dagegen gibt es, meint der Experte: gesunde Lebensweise, Bewegung, Sport, lange im Beruf bleiben, Aufgaben nachgehen. Derartigen Anregungen bin ich eigentlich immer gefolgt. Gesundheitlich geht es mir recht ordentlich. Nach einer Untersuchung bei meinem Hausarzt – Blut und EKG – scherzt er: »Sie sind gesund und kv«, also kriegsverwendungsfähig. Hin und wieder eine TIA – Transitorische ischämische Attacke –, dann sehe ich kurzfristig alles doppelt, überstehe es aber durch ruhiges Sitzen. Das sei im Alter üblich, meint der Hausarzt.

Naturgemäß gibt es mit zunehmendem Alter körperliche Einschränkungen. Das weiß ich. Ich bin vorsichtiger beim Gehen und beim Treppensteigen. Mein Gedächtnis hat nachgelassen, insbesondere bei Namen. Das Gleiche gilt für die Reaktionsfähigkeit. Alles ist etwas langsamer geworden. Und beim Hören wird es trotz Hörgeräten, die allerdings technisch unvollkommen sind, immer schlechter, vor allem wenn alle durcheinanderreden. Ich will trotzdem mitreden.

194

Beim Golfspielen brauche ich den Elektrowagen, um die 18 Loch zu überstehen. Beim letzten Golfturnier wurde ich vom Vereinsvorsitzenden als »Unternehmerlegende« begrüßt. Das gefiel mir naturgemäß, und ich erinnerte mich in diesem Moment an die Orden, die mir in meinem Leben verliehen wurden. Die zugehörigen Ansteckandeln habe ich nie getragen.

Ich sitze in meinem Arbeitszimmer in unserem Haus in Berlin-Dahlem und betrachte meine Bücherwand. Über 3000 Bände. Habe ich alle gelesen? Woran kann ich mich noch erinnern? »Hol dir doch einfach eins raus und lies«, sage ich zu mir selbst. Und das tue ich immer öfter. Auch in meinen über hundert Tagebüchern blättere ich manchmal, wobei ich feststelle, dass meine Schrift immer zittriger wird. Fein säuberlich habe ich aufgeschrieben, was in meinem Leben so passiert ist. Gutes, Schlechtes und Schlimmes. Wenn ich die früheren Jahre nachlese, stoße ich plötzlich auf Ereignisse, die mir nicht mehr gegenwärtig waren. Veröffentlichen möchte ich sie nicht. Die Tagebücher wird meine jüngste Tochter erben. Sie soll entscheiden, was damit nach meinem Tod geschehen soll. Sie ist Journalistin.

Ich gebe mir viel Mühe, dass meine »Tätigkeitsmaschine« weiterläuft. Ich langweile mich selten, stets den Satz von David Foster Wallace im Sinn: »Wenn man immun ist gegen Langeweile, gibt es buchstäblich nichts, was man nicht erreichen kann.«[18]

Was will ich noch erreichen? Große Sprünge müssen ja nicht mehr sein. Mein Vater machte im Alter immer Schiffsreisen, auch ich und meine Frau haben manchmal daran gedacht. Aber mit was für Leuten würde ich dann wochenlang zusammen sein? Und an den meisten Orten war ich doch schon. Nein, Kurzreisen genügen. Zum Beispiel nach Bietigheim-Bissingen zur Firma Dürr, wo ich mit früheren Mitarbeitern rede und wir gemeinsam die alten Geschichten aufwärmen.

Gerne fahre ich mit Heide in die Schweiz und auf langen Wanderungen im wunderschönen Engadin erholen wir uns beide. Dann reden wir auch über unsere lange gemeinsame Zeit und freuen uns, wenn die gesamte Familie uns besuchen kommt.

Ich denke oft an mein Alter. Bewusst wird es mir auf meinen Spaziergängen, wenn ich junge Eltern mit ihren Kindern herumtollen sehe oder wenn mir Jogger begegnen. Aber auch die alten Leute, manche gebückt, nur schwer sich fortbewegend, teilweise Rollator, fallen mir auf. Ich lese in der Zeitung, dass der Bundespräsident im letzten Jahr 4000 Altersjubilaren, die 100 oder älter geworden sind, gratuliert hat. Will ich auch 100 werden? Ich kann es mir nicht vorstellen.

Unser Grab haben Heide und ich schon errichten lassen. Es ist mit einer Steinplatte belegt, auf der geschrieben steht: »Schön, dass ihr mit uns sprechen wollt.« Ich stehe still davor und habe Endlichkeitsgefühle.

Nachts, wenn ich nicht richtig schlafen kann, geht es mir so, wie es der Lyriker F. W. Bernstein alias Weigle in einem Gedicht an meinen Freund Alfred[19] ausgedrückt hat:

Meine Ruh ist hin.
Meine Gedanken sind wie Stechmücken bei Nacht.
Mit unruhigem Summen umsurren sie mich,
will ich sie fassen, so sind sie weg.
Wild schlägt meine Seele um sich,
und aus der Ferne höhnen fratzenhaft die Mücken.
Alles ist unsicher.

Und wenn die Stechmücken dann am Surren sind, frage ich mich, ob ich in meinem Leben etwas verpasst habe. Aber dann tröstet mich der Satz von Yasmina Reza in einem Kommentar zu einem Baudrillard-Nachruf: »Der Wunsch, nichts vom Leben zu verpassen, kann zum exakten Gegenteil führen.«[20]

Abends vor dem Schlafengehen höre ich oft Musik, wenn ich im Lehnstuhl sitze und den Tag auslaufen lasse. Meist ist es Klaviermusik und oft solche von Johann Sebastian Bach. Besonders beruhigt mich eine Einspielung mit dem isländischen Pianisten Vikingur Ólafsson. Er hat Originalkompositionen und Transkriptionen zusammengestellt. Ich höre die einzelnen

Töne, verbunden in einem klaren Zusammenklang. Das Aufsteigen der Töne, die rhythmische Beschleunigung, das langsame Te Deum. Man würde mitsingen, wenn es einen Text gäbe. Die Pausen zwischen den einzelnen Stücken führen zu fast unerträglichen Spannungen – was kommt als Nächstes? Schnelle Tempi, getragenes Andante. Ich versuche, Musik mit Worten zu beschreiben. Ob das geht? Nur, um etwas festzuhalten, was in mir wirkt. Ich höre die Fantasie und Fuge in a-moll und dann das Choralvorspiel »Ich ruf zu dir, Herr Jesu Christ«. Fast werde ich gläubig. Ich gehe zu Bett und schlafe friedlich ohne Stechmücken ein.

Manchmal gibt es Leute, die zu mir sagen, ich sähe aber *noch* gut aus für meine 87 Jahre. Mich stört das Wörtchen »noch«. Das klingt wie »bald zu Ende«. Allerdings lese ich aufmerksam die Todesanzeigen in der Zeitung. Manche Namen sind mir bekannt, manche der Verstorbenen kannte ich persönlich. Die Texte der Anzeigen interessieren mich weniger. Genauer schaue ich hin, wenn als Geburtsjahr 1933 vermerkt ist. Natürlich habe ich ein Testament gemacht, ich will ja nicht, dass sich meine Angehörigen nach meinem Weggehen streiten. Wegen Geld, wegen Recht, wegen Liegengebliebenem. Es sind meine Nachkommen, um die ich mich zu kümmern habe. Für sie trage ich Verantwortung.

Mit meiner Tochter Alexandra, Professorin für Neurogenetik, habe ich einmal darüber gesprochen, was nach mir kommt. Sie meinte: »Als Menschenkonstrukt lebst du weiter in deinen Kindern. Sie tragen deine Gene in sich, nicht alle, aber viele. Das steht unverrückbar fest. Das bleibt von dir. Alles andere ist vergänglich, möglicherweise nachlesbar, zitierfähig, aufbewahrt auf Papier oder gespeichert in Computern, wobei allerdings hin und wieder das eine oder andere gelöscht wird.«

Ich möchte nicht, dass viel gelöscht wird. Also tue ich etwas.

Heute frage ich mich manchmal: Hat die Corona-Krise etwas an meinen alten Tagen geändert? Eigentlich nicht. Aber ich habe durch das wochenlange Zuhausesein (Quarantäne war es nicht) gelernt, mich mit mir selbst zu beschäftigen und trotzdem in Kontakt mit anderen zu bleiben, über Telefon, Zoom, Skype und Ähnliches. Ich habe viel Zeit. Kann mich mit der Gegenwart beschäftigen. Und länger schlafen. »Der soziale Jetlag fällt jetzt weg«, sagt der Schweizer Schlafforscher Christian Baumann.

Welche Antwort gebe ich mir also auf die Frage »Alter Mann, was nun?«? Eigentlich ist es ganz einfach. Es sind fünf Regeln, an die ich mich halten muss: Das tun, was anfällt, neugierig bleiben, gesund leben, immer in Bewegung sein, mit anderen Menschen reden und ihnen zuhören. Bei Letzterem erfahre ich, was in der Welt so passiert. Und das ist mir immer noch wichtig.

Als ich über 80 war, sah ich mich manchmal aus einigem Abstand als einen Mann, den ich kannte, aber nicht näher. Als mir das klar wurde, habe ich mich mehr mit mir beschäftigt und dabei festgestellt, dass ich mit mir selbst gut befreundet sein muss. Wenn ich das erreiche, ist auch die Frage nach dem »Was nun?« beantwortet.

Danksagung

Die Idee zu diesem Buch verdanke ich dem Verleger Michael Fleissner. Ich hatte ja schon über mein Leben geschrieben, aber damals war ich 15 Jahre jünger, und er meinte, mit 87 Jahren sähe man die Dinge etwas anders.

Sehr hilfreich war beim Schreiben Boris Heczko als mein Lektor. Er gab viele Anregungen, legte Werte auf Genauigkeit und Stilistik. Er wusste, was den Leser interessiert und was nicht.

Michael Jaeger, der Goethe- und »Faust«-Experte, hat mir sehr bei allem geholfen, was mit Goethe zu tun hatte. Auch mein Alternativgedicht zum »Zauberlehrling« hat er in Ordnung gefunden.

Meine Tochter Karoline gab mir ebenfalls viele Anregungen und verhinderte einige Peinlichkeiten.

Mit Klaus Leisinger habe ich mich vor allen Dingen über das Kapitel »Ich schreibe einen Brief an den Papst« unterhalten.

Meine Sekretärin Patrizia Doyl-Berger hat alle Fassungen und Änderungen geduldig, akkurat und termingerecht in den PC geschrieben.

Allen Genannten danke ich von Herzen für ihre Mitarbeit.

Im Sommer 2020
Heinz Dürr

Anmerkungen

1 In der ersten Reihe. Aufzeichnungen eines Unerschro-
   ckenen. wjs Verlag 2008
2 Über das Alter. Ein Gespräch mit Cato über Jugend-
   wahn, Weisheit und Vergänglichkeit. Quadriga Verlag
   2011
3 Nassim Taleb: Der Schwarze Schwan. Die Macht
   höchst unwahrscheinlicher Ereignisse. Hanser 2008
4 Im Urteil heißt es unter anderem: *Wenn sein Sohn
   kurze Zeit die NAPO-Schule in Rottweil besuchte, so
   hat er eine stichhaltige Begründung dafür angegeben
   und auch sofort sich entschlossen, seinen Sohn aus der
   NAPO-Schule trotz Warnung des Schulleiters herauszu-
   holen. Wäre die allgemeine Behauptung im Arbeitsblatt
   »war als aktiver Nazi bekannt« richtig, so hätte der
   Betroffene in der Schulangelegenheit seines Sohnes sich
   nicht so verhalten.*
5 Werwolf: nationalsozialistische Untergrundbewegung
   am Ende des Zweiten Weltkrieges, gegründet 1944
   vom Reichsführer SS Himmler
6 Mehr dazu im Kapitel »Tarifpolitik«
7 »Das Bild des Menschen ist nicht das des isolierten
   und selbstherrlichen Individuums, sondern das der
   gemeinschaftsbezogenen und gemeinschaftsgebunde-

nen Person, die von verfügbaren Eigenwerten bis zu ihrer Entfaltung auf vielfältige menschliche Bezüge angewiesen ist.«

8   Ernst Ulrich von Weizsäcker, Anders Wijkman u. a.: Wir sind dran. Was wir ändern müssen, wenn wir bleiben wollen. Gütersloher Verlagshaus 2017

9   James Lovelock: Novozän. Das kommende Zeitalter der Hyperintelligenz. C.H. Beck Verlag 2020

10 Ray Kurzweil: Menschheit 2.0. Die Singularität naht. Lola Books 2013

11 Julia Schramm: Klick mich. Bekenntnisse einer Internet-Exhibitionistin. Albrecht Knaus Verlag 2012

12 Das Interview ist fiktiv. Die Aussagen von Kurzweil beruhen auf Presseveröffentlichungen.

13 Ferdinand von Schirach: Kaffee und Zigaretten. Luchterhand 2019.

14 Catos Aussagen stammen teilweise aus Ciceros Werk »Cato maior de senectute«)

15 Der Spiegel, 45/1989, 06.11.1989

16 So Susanne Kill, Konzernhistorikerin der Deutschen Bahn AG

17 Julian Barnes: Der Lärm der Zeit. Kiepenheuer & Witsch 2017

18 Foster Wallace: Der bleiche König. Roman. Kiepenheuer & Witsch 2013

19 Alfred Kirchner: Der Mann von Pölarölara. Autobiografische Splitter. Hollitzer Verlag 2019

20 Yasmina Reza: zitiert nach FAZ vom 26.08.2007

Register